Helene Hoerni-Jung

Vom inneren Menschen

Helene Hoerni-Jung

Vom inneren Menschen

IKONEN DES GÖTTLICHEN SOHNES

Kösel

ISBN 3-466-36415-9

© 1995 by Kösel-Verlag GmbH & Co.
Printed in Germany. Alle Rechte vorbehalten
Druck und Bindung: Kösel, Kempten
Umschlaggestaltung: Elisabeth Petersen, Glonn
Umschlagmotiv: Christus Immanuel. Russische Ikone des 17. Jahrhunderts.
Museum der Hagia Sophia, Istanbul

1 2 3 4 5 · 99 98 97 96 95

Gedruckt auf umweltfreundlich hergestelltem Werkdruckpapier
(säurefrei und chlorfrei gebleicht)

Inhalt

Widmung und Dank

Ich danke dem Schriftsteller, der seinen Lesern empfahl, Jesus Christus von Nahem und von Weitem, als Kleinen und als Großen zu betrachten.

Ich danke meinem Vater, der mich anwies, auf meine Seele zu achten.

Ich danke meiner Mutter, die mich werden ließ und die mir vorlebte, wie eine Frau ihre Aufgabe wahrnimmt, und, indem sie dies tut, nicht nur dieser Sinn und Gestalt verleiht, sondern ineins damit auch sich selber ausformt.

Ich danke auch den Frauen und Männern, die ihre Gedanken mit mir teilten und mir beim Werden dieses Buches mit Rat und Tat zur Seite standen.

Helene Hoerni-Jung
Pfingsten 1994

Vorwort

STRÖME DES EWIGEN

Ich lege hier ein Buch über Ikonen des göttlichen Sohnes vor. Eingedenk, daß ich dieses großen Themas nicht würdig bin, erhoffe ich Ermächtigung durch den Satz eines orthodoxen Gelehrten:[1]

»Ikonen spielen sich außerhalb von Raum und Zeit ab, vor Allen und für Alle.«

»Alle« – das sind Sie, und bin auch ich.

Diesem Satz entgegen steht ein anderer:

»Kein Heil außerhalb der Kirche.«

Zwischen diese Pole fühle ich mich gestellt.

Nicht jeder Christ kann oder will sein Christsein in einer Kirche leben. Ja, es werden ihrer immer weniger. Wohin entschwinden die andern? Wo suchen sie?

Viele stehen Kreuz und Auferstehung fremd gegenüber. Möglicherweise sind sie aber offen für andere Gaben aus dem christlichen Schatz. Ihnen, die ihrer Kirche fern sind, möchte ich zeigen, daß sie in ihrem eigenen Herzen einen vielgestaltigen Kern tragen, der sich so plötzlich melden kann, wie das im Bild der »Gottesmutter des Zeichens« erscheinende göttliche Kind. Daher wird dieses Bild den Anfang meiner Betrachtungen machen.

Ein weiteres Anliegen: Nicht jeder Mensch, der betet, erfährt die Erhörung seines Gebetes. Vielen bleibt Gott stumm. Ihnen möchte ich sagen, daß Trost und Rettung auch von innen her kommen können: Als Menschen sind wir so angelegt. Wir tragen einen geistigen Samen in uns. Diesen letzten, innersten und kostbarsten Hoffnungskeim soll man dem Menschen nicht nehmen, indem man ihm einredet, es sei »kein Heil außerhalb der Kirche«. Da *ist* Heil! Auch für die, die ihren Weg allein gehen. Wäre da kein Heil, wie hätten Jesus und seine Jünger dann ihr Heil gefunden – so ganz *ohne* Kirche?

»Wenn ihr betet, geht in euere innerste Kammer«, war ein Ratschlag Jesu. Über diese innere Kammer denke ich nach. Ich versuche zu vermitteln, was sich dort Christliches tut, auch wenn wir uns fern aller christlicher Lehren wähnen. Indem ich über weniger bekannte Christusbilder schreibe, hoffe ich, dem einen oder andern, auch dem kirchenmüden Leser, Urbilder und Leitlinien aufzudecken, in die der einsame Wanderer seine Gedanken wie in ewige Strömungen einbetten kann. In diesen Gründen wird er auch das Gemeinsame finden, das ihn mit vielen anderen Lebenspilgern verbindet. Hier ist er Teil des Ganzen und findet heim in das Urmenschliche, das bisweilen, im religiösen Erleben, bis an die Himmel reicht.

Jenen Menschen, die ihren Glauben durch Denken vertiefen möchten, unterbreite ich in diesem Buch einige Denkgegenstände.

Ich gehe hier nicht näher auf das Wesen der Ikone an sich ein, da ich in meinem Buch »Maria – Bild des Weiblichen. Ikonen der Gottesgebärerin« ausführlich darüber schrieb. Ich möchte nur in Erinnerung rufen, daß Ikonen Sinn übermittelnde Bilder sind. Der orthodoxe Gläubige nennt sie Urbilder oder Archetypen. Als solche äußern sie sich über die Grundthemen des menschlichen Seins. Insbesondere bieten sie, bildhaft, Lehren und Denkmöglichkeiten über den christlichen Glauben und unsere Gottesbeziehung an.

Ganz anders als die Gottesmutter-Ikonen, von denen ich einige im genannten Buch bearbeitet habe, erschweren die Ikonen des erhöhten Erlösers und Weltenherrschers weitgehend eine psychologische Annäherung. Es sind rein theologische Bilder, in welchen die Theologie einer Zeit sich über ihr Thema – Christus – Gedanken macht bzw. es darstellt.

In den Bildern dieses Buches ist nicht etwa ein Stationenweg des Lebens Jesu vorgelegt; wohl aber könnte man sagen, daß die hier vorliegenden Bilder einer bestimmten Stufe der Wandlung des Menschen entsprechen. Sie lassen Leib und Seele sozusagen hinter sich und werden zu reinen Ideen, oder, wer so will, zu Offenbarungen.

Wir versuchen im folgenden einige dieser Ideen zu umkreisen und sie, wenn möglich, zu verstehen. Dabei wird es uns wie dem Kind gehen, das auf Zehen stehend sich mühsam, aber neugierig nach oben reckt, um durch das Schlüsselloch wenigstens einen kleinen Strahl der geheimnisvollen Fülle des inneren Raumes zu erhaschen. Besonderes Anliegen ist mir, daß die Leserinnen und Leser *vor* der Lektüre meiner Ausführungen die einzelnen Ikonen mit Geduld auf sich wirken lassen.

Jesus Christus, ein Gottes- und Menschensohn: ist Er außen als ganz Großer, oder ist Er innen als ganz Kleiner? Wie erleben wir ihn?

Ich meine, daß es sich lohnt, über ihn nachzudenken und diese Gedanken miteinander zu teilen.

Die Abfolge der Bilder in diesem Buch folgt einem Text des 4. Jahrhunderts:[2]

D amit er nicht durch seine Größe
die Schauenden verwirre,
faßte er sich selber zusammen aus dem All
ins Land der Hebräer,
und aus diesem ganzen Land nach Judäa,
und von da nach Bethlehem,
bis er den kleinen Schoß Mariens füllte.
Und wie er das Senfkorn in unserem Garten
geworden war,
und der kleine Strahl für unser Auge,
ging er auf, breitete er sich aus und erfüllte die Welt.

Da ich als Frau schreibe, kehre ich die Reihenfolge allerdings um. Ich beginne nicht mit dem Großen, Fernen, sondern mit dem Kleinen, ganz Nahen.

Gottesmutter des Zeichens

ES ZEIGT SICH DER KEIM

Im Text, den ich im Vorwort meinen Christus-Betrachtungen voranstellte, ist vom »Senfkorn in unserm Garten« die Rede. Diesem »Senfkorn« ist das erste Bild, die Ikone der Gottesmutter des Zeichens, gewidmet.[1]

Wir alle tragen ein solches Korn und einen geheimnisvollen Samen in uns. Was sich aus diesem Samen entwickelt, ist keine Leibesfrucht, sondern wird ein Herzenskind sein. Wir tragen und formen den Keim aus, indem wir ihn nähren, pflegen und prägen durch unser gelebtes Leben und mit unserem Wesen und Tun. Das Werden des inneren und eigentlichen Menschen ist als geistiges Geschehen spürbar, erfahrbar, nicht aber machbar. Wir tun dennoch gut daran, dem Keimen des Kornes alle Aufmerksamkeit zu schenken, regt sich doch hier das innere Gottesbild, das sich nach Entfaltung sehnt.

Im vor uns liegenden Bild (vgl. S. 16 a) wird der Text Jesaja 7,14 vergegenwärtigt:

> *»Darum wird euch der Herr selbst ein Zeichen geben:*
> *Siehe, die Herangereifte ist schwanger und gebiert einen Sohn,*
> *und sie gibt ihm den Namen Immanu-El, das heißt Mit-uns-Gott.«*

Ursprünglich handelt es sich bei dieser Textstelle, erstaunlich genug, um die Antwort des Propheten an zwei sich befehdende Parteien. Es wird damit die Hoffnung auf Versöhnung beider, zweier gegensätzlicher Kräfte also, ausgesprochen.

Die Gottesmutter des Zeichens gilt als prophetische Ikone: Sie tut kund, daß das Ausformen eines inneren Kindes möglich werde, wenn die Zeit, wenn ein Mensch dazu herangereift seien; wenn es ihm gelingt, seine innere Einheit soweit herzustellen, daß sich daraus Neues entwickeln kann, gleich der Pflanze aus jungfräulichem Boden.

Der orthodoxe Gläubige betet vor dieser Ikone wenn er innerlich zerrissen ist und unentschlossen zwischen zwei Möglichkeiten hin und her pendelt, wenn er nicht weiß, wie sein Leben weitergehen soll, wenn er sich in der gleichen Patt-Situation befindet, wie in Jesaja 7,14.

Überlegt man sich, zunächst ganz vordergründig, was an unserem Bild der inneren Zerrissenheit abhelfen und der Sammlung dienen könne, so fällt zuerst die starke Zentrierung des Bildes auf. Die Betonung der Mitte und der symmetrische Bildaufbau ziehen uns an sich und wirken stabilisierend. Der starke Sog in die Mitte sammelt und einigt unsere schmerzlich auseinander strebenden Tendenzen. Die Wärme der Farben wirkt beruhigend, in einem tiefen Sinne das Herz erwärmend. Ruht das Bild auch in sich, so ist es doch voller Bewegung. Etwas kommt uns, sich offenbarend, entgegen. Es ist die neue Möglichkeit, das neue Leben, die Entfaltung des Kornes, die nun sichtbar, oder doch ahnbar wird.

Der grün-schwarze, eiförmige Hintergrund läßt die Gottesgebärerin wie aus einem Weltenei, wie aus den Urgründen des Seins hervorgehen. Die Farbe Schwarz steht für das Geheimnis, für Nichtwissen, Dunkel und Tod. In orthodoxer Sicht bedeutet Nichtwissen auch Sünde, weil es uns vom göttlichen Licht trennt. Übersetzt hieße dies, daß es dem Menschen nicht gemäß ist, unwissend, sprich unbewußt, zu bleiben. Er muß sich entwickeln und differenzieren. Das was anfänglich in ihn gelegt ist, will sich ausformen. Lebensimpulse aller Art treiben, ja, zwingen den Menschen zu dieser Ausformung seiner selbst und seiner in ihn gelegten Gaben. Das Schwarz unserer Ikone trägt folgerichtig eine Spur Grün in sich als Zeichen kommenden Wachstums, und ein Teilchen Blau, als Ahnung des wirkenden Geistes. Es birgt also Potenzen und ist nicht dem Tod zugeneigt, sondern dem Leben.

Vor der Brust der Gottesgebärerin zeigt sich die geahnte neue Möglichkeit: das Kind, die Perle, das Selbst — wie immer man es nennen mag. Die Theologie spricht vom präexistenten Logos, vom Immerseienden. Das griechische Wort Logos bedeutet Wort, Definition, Naturgesetz; das dazugehörige Verb legein sprechen, erklären, auslegen, entfalten, entwickeln. Diese Ikone verspricht uns, daß aus schweren Konfliktsituationen, vor allem inneren, zu gegebener Zeit, eine neue Kraft von sich aus in uns anspringt und uns Rat und Rettung bringt. Wenn ich etwas unbestimmt von »Möglichkeit« spreche, dann deshalb, weil das Kommende so selten im Voraus erkannt werden kann. Um was es sich handelt, wird sich erst im Kommen erweisen, ganz nach dem großen Vorbild: Ich bin der, der sich erweisen wird.

Im Bild zeigt sich die neue Möglichkeit in Gestalt eines Kindes, Inbegriff sich entwickelnden Lebens. Der dynamische Prozeß ist augenfällig; alles entwickelt sich aus der Mitte. Die Mutter tritt aus dem Urgrund hervor, das Kind aus dem Schutzkreis der Mutter, der »clipeus«, Schild, genannt wird. Das Licht, die Bewußtwerdung, kommt mit dem Kind. Alles bewegt sich auf uns zu, damit wir dieses Geschehens innewerden.

Die Gottesgebärerin wird mit zum Gebet erhobenen Händen, der ewigen Gebetsgebärde des Menschen, dargestellt. Wer so betet, erlebt anderes als beim Beten mit gefalteten Händen. Die Brust weitet, der Atem ändert sich. Es entsteht ein Spannungsfeld. Wir fühlen uns freier, aber auch ausgesetzter. Solches Beten ist kein Bitten, sondern ein mutiges und zugleich ein erwartungsvolles Sich-Preisgeben. Bald ängstlich, bald vertrauensvoll harren wir der Dinge, die da kommen mögen. Und sie kommen.

Die Gewandfarbe der Gottesmutter wird mit Braun-Purpur angegeben. Braun ist die Farbe der Erde, Purpur die des Königlichen, Heiligen. Irdisches und Himmlisches vereinen sich in der Herangereiften. Sie ist das bereitete Feld für das Korn geworden. Sie ist mit Leib und Seele dabei.

In der Orthodoxie hat die Gottesgebärerin ihren »braunen«, fruchtbaren Erdmutter-Aspekt behalten. Aus ihr, der »Mutter feuchte Erde«,
geht jedes natürliche Wachstum hervor. In ihr ist geheimes Leben,
das sich, zu gegebener Stunde, als Blume oder Kind manifestiert. Der
das ganze Bild durchwärmende rot-goldene Farbschein, soll an reifen
Weizen erinnern, muß die Mutter doch wie dieser heranreifen.[2]

Auf Haupt und Schultern der Gottesgebärerin sind drei Sterne zu
sehen. Sie sind Zeichen der ewigen Jungfräulichkeit, »vor, während
und nach der Geburt«, wie der Lehrsatz festhält. Uns sind sie Bild der
Jungfräulichkeit, als eines inneren, einheitlichen und geeinten See-
lenzustandes, der durch die Zahl Drei dynamisch gekennzeichnet ist.
Ich verstehe Jungfräulichkeit als gnadenvollen, fruchtverheißenden
Unruhezustand, als schöpferische Unruhe. Die erhoffte »Jungfräulichkeit« kann aber auch Ausdruck der eigenartig unberührbaren Verfassung sein, in der wir uns unter Umständen bei der Konstellierung des
Selbst[3] befinden, wenn unser Lebenssinn oder unsere Lebensaufgabe
anklingt. Es ist eine Befindlichkeit, die uns in gewisser Hinsicht den
Alltagskriterien enthebt. Nur wir selbst wissen, daß dem jetzt Gesche-
henden Gehorsam und Folge zu leisten ist. Und wir werden diese
Entwicklung auch selber verantworten müssen.

Der die Figuren wie eine kosmische Geburtspforte umschließende
rote Feuerkreis soll Bild der aufgehenden Morgenröte und der neuen
Schöpfung sein. Er zeigt aber auch, welch' brennendes Geschehen
hier vor sich geht. Ein Seraph waltet seines Amtes als Thronträger
und treibt mit seinem Feuer das Werden des inneren Gottesbildes
voran. Zärtlich umarmt und beschwingt er das Kind mit seinen
Flügeln.

Dieses wahrhaft brennende Geheimnis treibt uns auf neue Wege,
zwingt uns, die zu werden, die wir sein sollen; es birgt in sich schon
die neue Möglichkeit. Es ist Christus, oder doch sein Bild und
Symbol, das jetzt in uns Gestalt annehmen will und aus uns spricht.

Der Garten ist bereitet, das Korn kann gedeihen.

In einem orthodoxen Hymnus und in einem Theotokion wird die
Eigenartigkeit des geheimen Vorganges gedanklich umkreist:

S olch' ungewöhnlicher Geburt nachsinnend,
werden wir dem Gewöhnlichen mehr und mehr
entwöhnt
und wenden unser Sinnen zum Himmel.
Denn der Gewaltige hat die Schwäche des Menschseins
auf sich genommen,
damit er aus der Tiefe führe jene,
die als Herrn ihn glauben.[4]

O bwohl dem Wesen nach unschaubar,
erschienest Du, Wort und Allwerker,
aus der reinen Gottesmutter –
den Menschen als Mensch,
zur Teilnahme an Deiner Gottheit ladend den Menschen.[5]

Christus Immanuel

SPANNKRAFT DES GEGENSÄTZLICHEN

Sahen wir auf unserem ersten Bild »Gottesmutter des Zeichens«
das göttliche Kind noch ganz im mütterlichen Bereich, so tritt es
uns nun auf der zweiten Ikone (vgl. S. 24 a) als eigenständige Person
und losgelöst von der Mutter entgegen. Ganz dem Logos-Prinzip der
Entfaltung entsprechend, ist es aus dem bergenden Schoß und Schild
hervorgetreten; aus dem Herzen ging es hervor. Es zeigt sich mit
höchst eigenwilligem Gesicht und fordert uns durch seinen Namen
Immanuel (Mit-uns-Gott) zum Nachdenken darüber auf, welche
Züge denn dieser Mit-uns-Gott tragen möge.

Diese Ikone basiert textlich auf den Jesaja-Prophezeiungen (7,14
und 9,6):

> »Darum wird euch der Herr selbst ein Zeichen geben:
> Siehe, das junge Weib ist schwanger und gebiert einen Sohn,
> und sie gibt ihm den Namen Immanuel.«

> »Denn ein Kind ist uns geboren, ein Sohn ist uns gegeben,
> und die Herrschaft kommt auf seine Schulter, und es wird genannt:
> Wunderrat, starker Gott, Ewigvater, Friedefürst.«

Wahrlich ein Kind mit vielen Namen!

Bei diesem Bild liegt der Akzent »auf der Besonderheit des präexistenten und zugleich Mensch werdenden Logos[1].« Es konfrontiert uns
mit einem schwer verständlichen Paradoxon: In der Gestalt des Christus-Immanuel treffen sich zwei Wesen oder Strebungen. Es soll das
Ewige, Immerseiende mit dem soeben erst Heranwachsenden, Wer-

denden ineins gebracht werden. Als Kurzformel für diesen Sachverhalt und für das Bild wird der Begriff »Kind-Greis« eingesetzt.

Wofür steht mir Kind und Greis? Ein Kind ist mir Bild des Neubeginns, ist mir Ausdruck steten Wachstums, laufender Entwicklung, ungebrochener Lebenskraft und vielfältiger Möglichkeiten. Im Greis hingegen sehe ich das reife Wissen, die Lebenssättigung, die durchsichtige Gottesnähe und die Vollendung des Kreislaufes eines Lebens.

Alte Texte befassen sich mit der merkwürdigen Verbindung von Kind und Greis. So beispielsweise ein anonymer byzantinischer Autor:

> *Kleines Kind, ewiger Gott,*
> *greises Kind, welches dem Zeitalter vorausging,*
> *altersgleich mit dem Vater.*

Jesus selbst gib uns eine Denkaufgabe mit seinem Logion:

> *Nicht wird zögern der hochbetagte Mann,*
> *zu fragen ein kleines Kind von sieben Tagen*
> *nach dem Orte des Lebens und er wird leben.*
> *Denn viele Erste werden Letzte werden*
> *und sie werden ein einziges werden.*[2]

Dionysios Areopagita belehrt uns:

»In den alten Darstellungen nimmt Gott die Gestalt eines Alten und eines Jungen an. Das erstere bedeutet, daß er der Anfang ist und daß er von Anfang an war; das zweite, daß er jeder Veränderung fern ist. Die beiden Ansichten lehren, daß er vom Anfang bis zum Ende durch alle Dinge hindurch weiter besteht.«[3]

Was will dieses Anfangsbild uns lehren? Welche Christus-Idee bringt es uns vor Augen? Wie stellt sich der Typos Christus- Immanuel auf der Ikone dar?

Je länger ich verweile, desto bewußter wird mir die Eigenart des

Bildes. Der fast kreisrunde Kopf entspricht in Form und Proportionen einem Kinderkopf, während das Gesicht eckig und mit sorgenvoller, alter Miene aus dem Kreis hervortritt. Oder drängt es sich in diesen hinein? Der Quadratur des Zirkels ähnlich soll hier offenbar Ungleiches ineins gebracht werden: Der allwissende Greis zeigt sich in Gestalt eines Kindes, und der kleine Knabe blickt wie ein Alter in die Welt: etwas Paradoxes, das es doch eigentlich nicht geben kann...

Das Kreisrunde mutet jung und voll Lebensdrang an, die eckige Stirne wie geschnitztes, festgefügtes Holz. Das Runde möchte der Dichte des Allzufestgefügten Raum bieten, während das Eckige sich vom Runden Bewegung und Lockerung erhofft. Kreis und Viereck wiederholen sich in Nimbus und Bildträger. Hier überragt der kreisförmige Nimbus den viereckigen Bildträger bis an die äußerste Grenze und läßt, sozusagen als Zukunftsversprechung, durch seine zarte Ausstrahlung die weiche Verbindung gelingen, die in Kopf und Antlitz noch nicht gelingen will.

Psychologisch verstehe ich den »Greis« als die Komponente in der menschlichen Seele, die immer schon ahnt, wohin die Wege zielen, ja, uns auf diese führt, als einen Aspekt des Selbst. Im »Kind« sehe ich das noch wenig artikulierte, aber vorwärtsdrängende Ich, das sich den Entwicklungen aktiv zu stellen hat, obwohl es deren Ausgang nicht kennt. Diese zwei Teile müssen zueinanderfinden wie das alte, eckige Gesicht und der Kinderkopf, die, etwas widerspenstig, versuchen, sich ineinanderzufügen. »Eines Wesens, doch unvermischt«, scheinen Kopf und Antlitz zu suggerieren. Beginnt hier die Vereinigung der zwei Naturen, nicht nur Kind und Greis, sondern auch wahrer Mensch und wahrer Gott?

Beide Teile und Naturen tragen auch wir als Anlage und Schicksal in uns. Bald fühlen wir uns dem sorglosen, weltzugewandten Kinde gleich, bald suchen wir den stillen Rückzug und die Weltferne des alten Menschen. Einmal genügt uns die Fülle des heutigen Tages, dann wieder sehnen wir uns nach dem Ewigen. Als Jugendlicher kann

uns unzeitgemäße Endzeit- und Todesahnung heimsuchen und als
alter Mensch mögen uns kaum zu verkraftende, jugendliche Triebe
beunruhigen. Beide Wesen prägen unsere Seele, und beide Möglichkeiten wollen bedacht und gelebt werden. Auf dieser spannungsge-
ladenen Achse bewegen wir uns voran, vom Kind zum Greis, vom
Ich zum Selbst. Auch der oben erwähnte theologische Satz betont ja
die Besonderheit, daß der uns als Urbild gegebene Logos ewig, schon
immer seiend und gleichzeitig ein erst werdender sei.

Wir blicken auf die Ikone Christus Immanuel: Immanuel heißt
Mit-uns-Gott. Dieser Gott, der mit uns – oder, wie ich es verstehe
– in uns ist, wird durch die Pole Kind und Greis und die dazwischen-
liegende Entwicklung und Entfaltung charakterisiert. Der Logos ist
ein sich entfaltender Gott, wie es das griechische Wort ja auch
ausdrückt. »Das Leben ist ein Ablauf, ein Fließen in die Zukunft, und
nicht eine rückflutende Stauung. Es ist daher nicht erstaunlich, daß
die mythischen Heilbringer so oft Kindgötter sind.«[4] Und: »In jedem
Erwachsenen steckt ein Kind, ein ewiges Kind, ein immer noch
Werdendes, nie Fertiges, das beständiger Pflege, Aufmerksamkeit und
Erziehung bedürfte. Das ist der Teil der menschlichen Persönlichkeit,
der sich zur Ganzheit entwickeln möchte.«[5]

Im Symbol des Kindes, als von Zweien abstammend, klingt auch
das Wesen des Einigers und Versöhners an.

Doch, sehen wir wieder auf das Bild: Im Nimbus des jungen
Christus ist, kaum sichtbar, in feinen roten Linien das Kreuz einge-
zeichnet. Die Farbe Rot steht für beides, Leben und Leiden. Ist das
Kreuz auch nur angedeutet, so wird damit doch deutlich auf den
zukünftigen Leidensweg des Kindes hingewiesen. In den Kreuzbalken
ist schwarz der Name Jahwes eingeschrieben: HO ON = der Seiende.
»Christus nimmt Teil am Namen Jahwes«, wie es heißt. »Der Gott
der Bibel nennt sich der Seiende. Ich bin, der ich bin. Ich bin ich,
Ich bin selbst.«[6]

Hören wir den Anruf dieser Aussage? Sind wir nach dem Bilde

Gottes geschaffen, so wäre auch von uns äußerste Selbstbesinnung und ein verbindliches, mutiges Stehen zu sich selbst gefordert: Ich bin ich, ohne wenn und aber; »hier stehe ich, ich kann nicht anders«.

Zurück zum Bild: Das Omikron (Mitte oben) erinnert etwas an die sich ein- und ausrollende Lebensspirale. Es sind zwei Zeichen, die sich zuneigen. Sie umwölben einen kleinen Kreis in ihrer Mitte, als wäre ihnen dieses kleine Rund zur Fürsorge und Obhut anheim gegeben, so wie Ich und Selbst sich beide gleichermaßen um den zentralen Lebenskern und Lebenstrieb, die Lebensquelle bemühen, ja diese in lebendiger Gemeinsamkeit bilden. Sie halten sich als Zentrum schwebend im Kräftefeld des Ewigen und des Zeitlichen, zwischen Göttlichem und Menschlichem, zwischen Objektivem und Subjektivem, zwischen Greis und Kind.

Wir leben zwischen Zeit und Ewigkeit.

Eine Ahnung von Ewigkeit übermitteln uns auch die Bildpartien zwischen Nimbus und Schulter, in welchen der Name der Ikone geschrieben steht. Spüren wir uns in diese Linien hinein, so nehmen sie uns mit nach hinten in die in das Unendliche führende Perspektive. Jeder Mensch beginnt als Kind mit seiner seelischen Entwicklung, und so auch das in ihm keimende Geistige und Göttliche. Was »Kind« war, wird zum »Alten der Tage«, falls die Gnade es so will. Es ist das Bild und Symbol des Immanuel, welcher sich aus sich selbst entfaltet und für sich selber spricht.

Immanu heißt mit, mit uns, el heißt Gott. Bei uns, in uns wohnt ein Mit-uns-Gott. Was anderes sagen alle Urbilder der Gottesgebärerin und die Bilder des Heiligen Christophorus, als daß sie und der Mensch insgesamt ein göttliches Kind, einen heranwachsenden Gott mit-sich-tragen? Auf den meisten Gottesmutter-Ikonen ist Christus als Typos des sich entwickelnden Immanuel dargestellt. In dem Maße, wie er in uns gedeiht, wandeln wir uns.

»Der Christus ist die bestürzendste Offenbarung der Heiligkeit Gottes im Menschlichen. Er ist das Geheimnis des göttlichen Lebens, das dem Gefüge des menschlichen Wesens als Urbild eingesenkt ist.«[7] Die orthodoxe Theologie ist der Idee der Wandlung und Vergeistigung verpflichtet. Immanuel, der Heranwachsende, ist Bild und Zeuge dieser Idee.

An die Vorstellung eines werdenden Göttlichen knüpft auch die Textstelle Lukas 2,41-52 an, die Geschichte vom Zwölfjährigen im Tempel. Ihr unmittelbar voran geht die Erzählung von der Darbringung des Neugeborenen. Sie schließt mit der Zeile: »Aber das Kind wuchs und ward stark im Geist, voller Weisheit, und Gottes Gnade war bei ihm« (2,40).

Ich verzichte darauf, näher auf diese Textstellen einzugehen, obwohl sie weitere Gedanken zu unserem Bild heraufrufen würden. Nur soviel sei angetönt, daß auch hier die Verbindung des Alten mit dem Jungen beschrieben wird. Und wer wüßte nicht, wie schwierig dieses In-eins-Bringen sein kann! Wir alle kennen die zwiespältige Aufgabe, Altes, Festgefügtes, durch Erziehung und Tradition zu einem Teil unserer selbst Gewordenes in Einklang mit unerwarteten neuen Impulsen des je eigenen zu bringen, das, obwohl der Tradition widersprechend, auch gelebt werden will. Auch in uns liegen Beharren und Entwicklung oft im Widerstreit, und wir wissen nicht, welchem zu folgen ist.

Ich kehre zu unserer Ikone zurück und möchte noch auf die merkwürdige Gestaltung der Ohren des Immanuel hinweisen. Sie sind überraschend abstrakt gemalt, sehr im Gegensatz zu der konkreten, sich mehr am Realen orientierenden Gestaltung des Gesichtes. Wollte man hiermit ausdrücken, daß hier in erster Linie die Funktion des Ohres gemeint ist, das Hören und das Gehorchen? So wie das Ohr ja oft als Symbol des Gehorsams verstanden wird. Indem beim Immanuel, dem sehr jungen Christus, betont auf den Gehorsam aufmerksam gemacht wird, wird auch uns bedeutet, wie wichtig in Umbruchzeiten des Lebens Gehorsam ist. Er kann uns vor der Gefahr der Aufblähung oder deren Gegenteil, der Depression, schützen,

.

wenn es gilt, Altes mit ganz Neuem, Großes mit noch sehr Kleinem zu vereinen. Handelt es sich doch wortwörtlich um Entwicklungen, »die uns nicht in den Kopf wollen«, wie das Bild es darzustellen scheint.

Ikonen des Christus-Immanuel sind oft in Grüntönen gemalt, oder doch grün geschmückt. Wie ich vermute, ist damit auf Wachstum und Wandel hingewiesen. Auf unserer Ikone ist das Grün allerdings überschattet vom Staub der Jahrhunderte. Man sieht es nur noch ahnungsweise im Grün-Schwarz des Mantels und der Bildumrandung.

Ein serbisches Fresko zeigt den Immanuel inmitten grüner Zweige eines fürstlichen Stammbaumes. Eine weitere Ikone ist mit Ranken aus grünen Edelsteinen verziert; wieder eine andere ist als ganze grüngrundig: Alles um den Immanuel sproßt – bis hin zu seinem Bartflaum!

Meine Gedanken kreisen bei dieser Ikone um das Phänomen der Ausformung des inneren Gottesbildes in seinen gegensätzlichen Aspekten alt und jung.

Kleines Kind, ewiger Gott,
greises Kind, welches dem Zeitalter
vorausging,
altersgleich mit dem Vater.

Zürnende, die kamen, um Dich zu schauen,
hast Du erheitert;
lachend vereinten sie sich wieder miteinander.
Jähzornige wurden mild durch Dich, o Gütiger.
Wer bist Du Kind, daß selbst Bittere
durch Dich süß werden?[8]

Der Höchste wurde ein Kind, und verborgen war
in ihm der Schatz der Weisheit,
groß genug für das All.[9]

Es riefen die Greise:
»Gebenedeit sei das Kind,
das Adam verjüngte!«[10]

Jesus Christus

JESUS CHRISTUS IM ANDEREN WAHRNEHMEN

Bei den nun folgenden drei Ikonen denke ich über das Antlitz des göttlichen Sohnes nach. Welche Züge könnte er tragen? Wie stellen wir ihn uns vor? Wie zeichnet das Bild ihn? – Ich greife aus zahllosen Bildern eines heraus. Die Wahl könnte auch eine andere sein. Jeder Mensch trägt ein anderes Bild in sich. Viele Menschen haben auch überhaupt keine anthropomorphen Vorstellungen des Göttlichen in sich. Sie ziehen es vor, sich an ein ihnen bedeutungsvolles Zeichen zu halten, aus dem ihnen geheimnisvolle Kraft zukommt und das ihnen als Mittelpunkt eine erhoffte Ordnungsstruktur entgegenbringt. Vielen wird das Kreuz zu diesem zentralen Symbol. Manche finden andere Zeichen, die, für sie, in gleicher Weise kraftgeladen und sinnstiftend sind. Soviel ich sehe, sind es meist Zeichen, die einer urzeitlichen Schrift zu entstammen scheinen. Ikonen gehören zu solchen Zeichen.

Christus muß nicht notwendigerweise als Vision, Gesicht oder Zeichen erscheinen. Er kann sich auch in seinem Erlebnis, einer Erkenntnis, einer Begegnung ereignen. Abraham und Sarah nahmen drei Männer gastlich in ihr Haus auf. Erst im nachhinein entpuppten sich diese als Götterboten, und dies vielleicht auch nur, weil ihre Gastgeber sie so freundlich aufnahmen, sie »hereinließen«. Wer aufmerksam ist, wird auch im eigenen Leben solche verhüllten Boten erkennen: Zum Beispiel der rechte Mensch im rechten Augenblick… Man wird verwundert feststellen können, daß ein solcher Bote unter Umständen das Gesicht des Gottessohnes tragen kann – wenn auch nicht in konkreten Gesichtszügen, so doch zeichenhaft. Es ist kein beschreibbares, sondern ein verborgenes, inneres, dankbar erahntes und erfühltes Antlitz. Ich wage die Behauptung: Ist uns dieses innere Antlitz einmal aufgegangen, so kann es uns aus jedem menschlichen Gegenüber aufleuchten. Gerade in seinem göttlichen und ewigen Aspekt ist es auch das Gesicht des Menschen.

Unsere vorangehende Ikone des Christus Immanuel wies durch ihre Ambivalenz bereits auf die Vielfalt des göttlichen Bildes hin. Die Theologie nennt es dreifaltig.

Lassen wir uns nun von diesem Christusbild ansprechen (vgl. S. 32 a). Wir kennen den Maler nicht, der uns hier an seinem Bild teilhaben läßt. Welche Züge gibt er ihm?

Ich habe dieses Bild gewählt, weil ich es als geradezu irritierend lebendig empfinde. Das Gesicht scheint mir atmend entgegen zu kommen. Ist es ein neues, d.h. spätes Bild? Nein, ein sehr altes, frühes. Unwillkürlich muß ich bei seinem Anblick an die ausschwärmenden Jünger denken, deren Schar dieser lebensvolle Mann anzugehören scheint. Dieses Christus-Bild zeigt nicht das fertige und geschönte Antlitz eines Vollendeten, sondern das Gesicht eines Menschen, der unterwegs ist, erfüllt von aufrührerischem Eifer und voller Fragen an das Leben, dem er sich stellt mit Mut und Kraft.

In seinen Augen sehe ich etwas von der Ambivalenz des Christus-Immanuel Bildes. Ihre unterschiedliche Gestaltung reizt und zwingt uns, immer wieder hinzusehen. Die hochgezogene linke Braue visiert Probleme an, so wie dieses Auge überhaupt befrachteter wirkt als das rechte. Die ungleiche Höhe der Pupillen bringt fragende Unruhe mit sich. Auch scheint das linke Auge aus größerer Tiefe zu blicken als das rechte. Die Augen sind auf uns gerichtet und schauen doch weit über uns hinaus, uns sozusagen am Ewigen messend. Sie sind persönlich bezogen und gleichzeitig fern von allem Alltäglichen. Trotz seines Blicks in die Ferne wirkt dieses Christus-Gesicht bedrängend nahe und real.

Decke ich die untere Gesichtshälfte ab, so wirken die Augen traurig, als wären da eben Tränen gewesen; betrachte ich aber das ganze Gesicht, so nehme ich ein kaum sichtbares Lächeln um Mund und Nase wahr.

Die Stirn wirkt merkwürdig kahl; wie ein Berg stößt sie in die schwere Haartracht vor. Es fehlt die sonst übliche Stirnlocke, die dem Gottessohn zugedachte, angewünschte Glückssträhne. Aber es leuchten da weiße Lichter.

Die Nase ist klar und kräftig, männlich mit sinnlichen Nasenflügeln.

Dem roten Mund eignet etwas Trotzig-Bestimmtes, dem Lieben scheint er nicht abgeneigt; der Maler stellt ihn warm dar, nicht kühl und zeichenhaft abstrakt wie auf den meisten Ikonen.

Der hängende Schnurrbart verleiht dem Ganzen eine betrübte Note; was ist es, das diesen Menschen betrübt? Ist es sein Wissen um die Schattenseiten des Lebens?

Wenig sichtbar, aber durch Licht hervorgehoben, sind die kleinen Ohren.

Der Hals steigt, kräftig modelliert, aus dem braun-purpurenen Gewandrahmen empor. Wie ein Stamm seine Krone, trägt er den Kopf, zeigt Stoßkraft und gibt sich doch entblößt und verletzlich preis.

Das hell erleuchtete Gesicht ist umrahmt von erdbraunem Haar und Bart.

Der eigenartig kompakte Nimbus scheint leicht in die Höhe gezogen und ruft den Eindruck der Erhabenheit hervor. Sein Strahlen ist gehalten von einem braunen (Erd)-Kreis; das Göttliche leuchtet im Irdischen auf, wie der Gottessohn im Menschen.

Beim Betrachten dieser so besonders lebensvollen Ikone wird der Bilderstreit im 8./9. Jahrhundert wieder wach. Er befaßte sich mit den Problemen der Darstellbarkeit Christi.

Konnte Er überhaupt dargestellt werden? Waren die Bilder beseelt, oder war da nur tote Materie? Durfte man sie verehren, wenn in ihnen doch kein Lebensodem war? Das Postulat, einzig der lebendige

Mensch selber könne wahre Ikone Christi sein, hat bis heute seine tiefe Berechtigung.[2]

Hier möchte ich eine kurze praktische Bemerkung einschieben: Die uns vorliegende Ikone ist, als sehr frühes Bild, mit Wachsfarben gemalt. Da das Wachs in mehreren, (durchsichtigen) Schichten aufgetragen wird, entsteht ein leicht plastisches Gebilde. Die Plastizität erweckt den Eindruck der Greifbarkeit und spricht unsere Sinnlichkeit an; so bringt uns auch diese Technik der Gestaltung das Bild besonders nahe.

Ist dieses Bild nicht ein Beweis dafür, daß seinem Maler in einem lebenden Menschen das göttliche Antlitz begegnete?

Auch wenn ich auf diesen Seiten immer von einem äußeren, sichtbaren Christus-Bild geschrieben habe, so kreisten meine Gedanken doch insgeheim und gleichzeitig um das innere Bild, um das Bild Gottes in der menschlichen Seele, *die* Perle des christlichen Mythos: Kann es Schöneres geben?

Die Frage, inwieweit die je eigenen Christus-Vorstellungen mit dieser Ikone übereinstimmen, sei eine Frage des Betrachters an sich selbst. Hat es der Maler verstanden, das Bild so allgemein gültig, so zeitlich und gleichzeitig so überzeitlich zu gestalten, daß der Betrachtende, wenigstens andeutungsweise, sich selber in ihm wiederfindet? Zu überlegen wäre dabei, ob sich auch Frauen in dieser Ikone finden würden. Oder wäre es für sie richtiger, nach einem weiblichen, ewigen Urbild Ausschau zu halten?[4]

Nach orthodoxer Auffassung sollen wir alle Christus-Ähnlichkeit anstreben, um letztlich Ikone Christi zu werden, so wie Jesus Christus Ikone, Abbild, Gottes ist. Das griechische Wort Eikon heißt auch Schattenbild: Es meint damit den Schatten einer anderen Wirklichkeit. Verstehen wir uns als Schatten Christi?

Wir haben versucht, uns einem Christusbild zu nähern. Dabei verstehe ich das Bild (neben vielen anderen) mit seinen mannigfachen Zügen als eine Auffaltung des Eingangsbildes Christus-Immanuel: Wir begegnen dem Logos, der sich entfalten will, ja, dem das Prinzip der Entfaltung wesenseigen ist.

Das nächste Christusbild wird ein extrem anderes sein und uns mit gegensätzlichen Aspekten des göttlichen Sohnes konfrontieren.

Ihr aber, für wen haltet ihr mich?«
Da antwortete Simon Petrus und sprach:
»Du bist der Christus, der Sohn des lebendigen Gottes.«
Jesus aber antwortete und sprach zu ihnen:
»Selig bist du, Simon, Sohn des Jona, denn Fleisch
und Blut haben dir das nicht geoffenbart, sondern mein
Vater in den Himmeln. Aber auch ich sage Dir:
Du bist Petrus und auf diesen Fels will ich
meine Kirche bauen.«

Matthäus 16,15-20

Troparion:

In Deiner tiefen Weisheit und Menschenliebe
ordnest Du alles
und teilest allen das ihnen Gebührende zu,
o einziger Schöpfer!
Gib Ruhe, Herr, den Seelen Deiner Knechte;
denn auf Dich haben sie ihre Hoffnung gestellt,
Du unser Urheber, Bildner und Gott.[5]

Christus, du nahmst nicht aus Mannesblüte,
vielmehr aus jungfräulichem Blute gezeugtes
Fleisch an, makelloses, in sich bestehendes,
mit Geist und Sinn begabtes, beseeltes, wirkendes,
wollendes, selbstherrliches, selbstmächtiges.[6]

Christus, das grimme Auge

DIE SCHÖNHEIT DES DUNKLEN

Als Ursprungsort dieses Bildtypus (vgl. S. 40 a) vermutet man den südslawischen, byzantinischen Raum. Seine Entstehung wird um 1200 datiert. In Rußland wird das Thema ab dem 14. Jahrhundert aufgegriffen. Leider fehlen mir geschichtliche Kenntnisse, die Aufschluß über die Gründe des Entstehens dieser Ikone geben würden. Was suchte die orthodoxe Theologie zu beantworten mit diesem eigenartigen Bild? Als Betrachter fragt man sich, einigermaßen bestürzt, welches weltliche oder geistige Ereignis Anlaß zu diesem grimmigen Christus-Anlitz war. Es ruft ernste Gedanken.

Das Gesicht ist nicht nur zufällig so finster. Nein, es ist damit wirklich ein schreckenerregender Aspekt des Göttlichen gemeint. Die französische Übersetzung des Namens lautet: Le sauveur à l'œil courroucé: courroucer bedeutet erzürnen, in Harnisch bringen. Dies ist eine starke Bezeichnung, die keine Zweifel an der Bildaussage läßt.

Was war gewollt mit dem furchterregenden Antlitz? Ich kann nur vermuten. Bezeichnete es eine Ergänzung zu einem zu einseitigen Gottesbild der Güte und Liebe? Oder war da ein Bedürfnis, Christus, den Sohn Gottes, wieder näher mit Gott Jahwe zu verbinden, an dessen Wesen er teilhaben soll? Wird hier ein komplexeres Gottesbild angestrebt? Oder muß das Bild in Verbindung mit der frühen Christianisierung Rußlands gebracht werden? Sollte es die noch völlig in ihrer magischen Welt beheimateten Naturvölker der Slawen durch Furchteinjagen zu dem ihnen fremden, neuen Gott bekehren? Oder war im Gegenteil gerade dieses dämonische Gesicht ihren eigenen religiösen Vorstellungen, die noch ganz von größeren und kleineren, guten und bösen Dämonen und Geistern bevölkert war, näher und verständlicher? War es ihrem Blitz- und Donnergott Perun ähnlich? Wir wissen es nicht. Aber wir wissen, daß in unseren eigenen Mythen und Märchen das Furchterregende, ja Böse seinen Platz hat und haben muß, wenn wir dem Menschen nicht die Möglichkeit rauben wollen, seine diffusen, doch quälenden Ängste irgendwo einordnen zu können und ihnen einen Namen zu geben. Teufel, Hexe, Wolf und Drache, sie alle haben im Märchen ihre unaufgebbare Rolle als Repräsentanten der dunklen Kräfte, die so selbstverständlich zur Welt und Schöpfung gehören wie die lichten. Gott schuf die Nacht wie den Tag. Jedes Kind würde das Fehlen der Hexe oder des Teufels im Märchen bemerken und diesen Mangel beanstanden, nicht anders der Erwachsene. Eine erkannte und zu benennende Gefahr ist eher zu bannen als eine verdrängte. Vielleicht ist auch die Idee erlaubt, es seien im schreckenden Antlitz des Erlösers noch Anklänge an religiöse Maskenspiele verschiedener Kulturen vorhanden, die obwohl oder gerade weil sie als Heilsdramen verstanden wurden, ihre Gottheiten auch in deren schrecklichem Aspekt zeigten. In solchen Aufführungen wurde und wird noch immer Spiel und Kampf der hellen und der dunklen Mächte vor Augen geführt, damit der betrachtende Mensch erkenne, in welchem Spannungsfeld er steht und wie er in diesem zu seiner eigenen Ordnung finden kann. Er wird so erfahren, daß das, was ihn ärgert, in Beschlag nimmt oder überwältigt, nicht nur sein individuelles und subjektives Leiden ist, sondern zum Menschsein gehört.

Der »heilige Schrecken« kann uns aus der Lethargie aufrütteln und der »heilsame Schock« uns in die Realität zurückholen, wenn wir Maß und Weg verloren haben. Empfinden wir nicht etwas von diesem heilsamen Schrecken, wenn wir uns dieser Ikone aussetzen?

Zwei strenge Augen blicken uns an und durch uns hindurch, als wären sie nicht an unserem äußeren Ansehen interessiert, sondern an dem, was hinter diesem versteckt liegt: unser eigentliches und fragwürdiges Menschsein. Der durchdringende Blick macht uns betroffen;

er ruft die Frage nach uns selbst, weckt unser Gewissen und konstelliert uns im Wesenskern. Das linke Auge (vom Betrachter aus) wirkt traurig, das rechte erinnert an den gnadenlosen Adlerblick. Statt Freundlichkeit spricht Verletztheit und Grimm aus ihnen. Eruptiv wallt Zorn beim Nasenbein auf und gräbt sich als tiefe Furchen in die Stirne ein. Wie dunkle Sturmvögel schweben sie über den Augen. Eine merkwürdig schwere Haartracht drückt und beengt Gesicht und Haupt einer Gewitterwolke gleich und verändert die gewohnte Wohlproportion des Antlitzes. Mund und Lippen sind zusammengepreßt, sie zeigen keine Bereitschaft zu vergebenden Worten. Der nach unten hängende Schnauzbart drückt Enttäuschung und gescheiterte Hoffnung aus. Der zornige Gott, wie er aus dem Alten Testament bekannt ist, spricht aus den Gesichtszügen und warnt den unbotmäßigen Menschen.

Hand aufs Herz: Wer unter uns leidet nicht in dunkler Stunde unter Angst vor dem, was uns übermächtig erscheinen will? Wer fürchtet sie nicht, die unberechenbaren Schicksalsmächte? Liegt uns Gottesfurcht nicht näher, als wir meinen? Und hätten wir nicht gerade heute, da so viel Haß, Not und Krieg herrschen, allen Grund gottesfürchtig zu sein? In Notzeiten bedrängt uns die Frage nach Gott, nach einem Gottesbild. Wo ist Er, der gütige Gott? Weshalb greift Er nicht rettend ein, wo Menschen gequält und getötet werden? Warum verläßt Er uns, mich? Ist Er der stets gepredigte, liebe Gott? Das sind die nicht zu beantwortenden, bitteren Fragen ungezählter Menschen. Oft will einem scheinen, je lichter die Gottesvorstellung, um so größer die Enttäuschung über das Unabänderliche. Etliche Menschen scheitern, wenn sie ihr lichtes Gottesbild der Kindheit in Frage gestellt sehen. Und nicht wenige verlieren dann alles Vertrauen und verwerfen unter Umständen jeden Gottesglauben, treten aus ihren Kirchen aus und suchen Trost und Klärung auf anderen Wegen.

Ein Mensch aber, der weiß, daß Gott nimmt und gibt, daß Er rettend eingreift, wie auch unerbittlich zwingt, dessen Gottesbild kann nicht nur licht sein. Er bleibt Realist. Demütig, aber ohne Fatalismus, nimmt er Licht und Schatten, als beide vom gleichen Vater ausgehend, an. Er weiß um den dunklen Gott; er muß die fruchtlose Warum-Frage nicht stellen. Allenfalls stellt er die weiterführende Frage: Wozu? Und er weiß darauf zu verzichten, seinen Nächsten, die anderen, die Behörden, die Regierung … zu beschuldigen für alles, das nicht so läuft, wie es ihm genehm wäre. Eine große, alles vergiftende Schuldzuweisung geht heute durch die Welt. Ich meine, das hängt auch zusammen mit dem christlich-kirchlichen Gottesbild, welches die Abgründigkeit Gottes nicht wahrnehmen und nicht wahrhaben will.

Ich bekenne: Ein nur lichtes Christusbild ist mir zu wenig, zu eindimensional, zu weltfremd, zu menschenfern. Warum ihm nicht die ganze Tiefe des Christusbildes lassen? Warum soll nur das Helle schön und gut sein? Ist nicht auch das Dunkel großartig?

»Sich aushalten vor Gott«, ist ein Postulat Dorothee Sölles. Halten wir uns aus auch vor dem finsteren Antlitz dieser Ikone? – Lassen wir uns ansprechen und uns sagen, daß die Welt keine heile ist! Gott schuf den Tag, aber er schuf auch die Nacht. Warum also stets das Licht predigen und darob die Botschaft der Nacht überhören und es sträflicherweise unterlassen, auch dem Dunkel seinen ihm gebührenden Ort einzuräumen? Bedrohungen aller Art gehören zur Welt und zum Menschsein.

Es sei die Frage erlaubt, ob uns Christus nicht lebendiger würde, wenn wir ihn in seiner ganzen Tiefe wahrnähmen und nicht nur als einen ewig Sanftmütigen, den das Evangelium so auch gar nicht zeichnet. Auch die ihn verharmlosende Kindsgestalt, das Christus-Kind, ist nur *ein* Aspekt unter vielen anderen. Dies zeigt die Bilderreihe dieses Buches.

Da Christus, wie früher erwähnt, am »furchtbaren Wesen Jahwes« teilhat, möchte ich einige Texte des Alten Testaments zitieren, die sich dazu äußern:

»Darum entbrannte der Zorn des Herrn wider sein Volk und Er reckte seine Hand gegen sie aus und schlug sie ...«

Jesaja 5,25

»Wohlan mein Volk, gehe hinein in deine Kammern und schließe deine Türen hinter dir; verbirg dich einen kleinen Augenblick, bis der Zorn vorüber ist. Denn siehe, schon zieht der Herr aus von seiner Stätte, um die Schuld der Erdbewohner an ihnen heimzusuchen.«

Jesaja 26,20

»Und ich zertrat die Völker in meinem Zorn, zerschmetterte sie in meinem Grimm und ließ zur Erde rinnen ihren Saft.«

Jesaja 63,1-6/ Vers 6

»Furchtbar bist Du! Wer kann bestehen vor Dir ob der Gewalt Deines Zornes?«

Psalm 76,8

»Wie lange, o Herr, willst Du immerdar zürnen, soll Dein Eifer lodern wie Feuer?«

Psalm 79,5

»Willst Du denn ewig über uns zürnen, Deinen Zorn erstrecken von Geschlecht zu Geschlecht?«

Psalm 85,6

Wohl weiß auch ich, daß mit der Bibel schlechthin alles belegt werden kann, wenn man Textstellen beliebig aussondert, so auch jegliches Gottesbild. Diesem möglichen Vorwurf setzte ich mich aus; geht es mir doch nicht darum, in welchem Zusammenhang die Texte stehen, sondern darum, daß man sie erst einmal unvoreingenommen wahrnimmt und bedenkt. Ich sage nicht, daß Gott im Alten Testament nur als Zürnender dargestellt werde; aber ich bin der Auffassung, daß dieser Aspekt nicht vergessen werden darf neben den unendlich schönen Lob- und Preisliedern: Beide Aspekte ehren Gott. Sein Bild wird uns vielleicht dunkler, aber um so kraftvoller und kommt so unseren eigenen Lebenserfahrungen näher.

Wer nun denkt, dieses dunklere und zwiespältigere Gottesbild sei vom Neuen Testament mit seiner Frohbotschaft endgültig überholt, dem sei entgegengehalten, daß mindestens die Evangelien auch einen zornigen Sohn Gottes kennen. Einige Texte sollen dazu sprechen. Auch die Normen der Bergpredigt (englisch: »Standards of righteousness«) sind, genau besehen, recht hart, wenn wir sie einmal ernstlich zu erfüllen trachten. Ja, selbst die trostreichen Seligpreisungen setzen den leidenden Menschen und Jesu Wissen um eine unheile Welt voraus. Dies wiederum stellt die beunruhigende Frage: Wer hat sie so erschaffen?!

> *»Meinet nicht, daß ich gekommen sei, Frieden auf die Erde zu bringen, sondern das Schwert. Denn ich bin gekommen, einen Menschen mit seinem Vater zu entzweien und eine Tochter mit ihrer Mutter und eine Schwiegertochter mit ihrer Schwiegermutter und des Menschen Feinde werden die eigenen Hausgenossen sein.«*
>
> Matthäus 10,34

> *»Wer aber einen dieser Kleinen, die an mich glauben, zur Sünde verführt, für den wäre es besser, daß ihm ein Mühlstein um den Hals gehängt und er in die Tiefe des Meeres versenkt würde. Wehe der Welt der Verführungen wegen! Denn es ist (zwar) notwendig, daß die Verführungen kommen; doch wehe dem Menschen, durch den die Verführung kommt.«*
>
> Matthäus 18,6

> *»Simon, Simon, siehe, der Satan hat sich euch (von Gott) ausgebeten, um euch im Sieb zu schütteln wie den Weizen; ich aber habe für dich gebetet, daß dein Glaube nicht aufhöre; und du, wenn du dich einst bekehrt hast, stärke deine Brüder!«*
>
> Lukas 22,31

»Er aber wandte sich um und sprach zu Petrus: Hinweg von mir, Satan! Du bist mir ein Fallstrick, denn du sinnst nicht, was göttlich, sondern was menschlich ist.«

Matthäus 16,23

»Deshalb sage ich euch: Jede Sünde und Lästerung wird den Menschen vergeben werden; aber die Lästerung wider den Geist wird nicht vergeben werden. Und wer ein Wort wider den Sohn des Menschen redet, dem wird vergeben werden; wer aber eins wider den heiligen Geist redet, dem wird nicht vergeben werden, weder in dieser noch in der zukünftigen Welt. ... Ihr Natterngezücht, wie könnt ihr Gutes reden, da ihr doch böse seid?«

Matthäus 12,31

»So wird es am Ende der Welt sein: Die Engel werden ausgehen und die Bösen mitten aus den Gerechten aussondern und sie in den Feuerofen werfen. Dort wird Heulen und Zähneknirschen sein. Habt ihr dies alles verstanden?«

Matthäus 33,49

Damit schließe ich die Gedanken zur Ikone »Christus, das grimme Auge« ab. Wegen des »unschönen« Gesichts habe ich lange gezögert, darüber zu schreiben. Vielleicht vertieft sich der eine oder die andere in das Bild und die Texte. Möglicherweise bedrängen sie dann solche oder ähnliche Fragen:

Wann bin ich einer, dem Jesus einen Mühlstein um den Hals wünscht?

Wann befinde ich mich im Sieb des mich schüttelnden Satans?

Wann haften meinem eigenen Wesen dämonische Züge an?

Versuche auch ich, einen mir nahestehenden Menschen von dem ihm bestimmten Leidenswege abzubringen?

Und worin besteht meine eigene Sünde gegen den Geist, für die es keine Vergebung gibt? Ist es vielleicht ein Vergehen gegen mich selber, gegen meinen innersten Lebensquell, den Sinn meines Lebens, gegen das, was sich als »heilig« aus mir meldet, mein inneres Gottesbild?

Wie könnten wir, und das wird doch von uns erwartet, Ikone/Abbild Christi und Christus Ikone Gottes werden, wenn er nur Licht und kein Dunkel an ihm wäre? »Wahrer Mensch und wahrer Gott«, so lautet das Dogma; und dieses Ganz-Mensch-Sein Jesu Christi ist es, was uns Einordnung erlaubt und uns seelische Heimat gibt. Auch ein häßliches Gesicht ist menschlich. Es ist tröstlich, Häßliches auch im Gottesbild vorzufinden, so zeigt es unsere Ikone.

 »Gott läßt seine Sonne scheinen über Böse und Gute, und sendet Regen auf die Gerechten und die Ungerechten« (Matthäus 5,45). Sie alle schuf Gott; ja, nach *seinem* Bilde schuf er sie. Nach welchem Bild schuf er sie? Wir gehören dazu.

Mein Gott, mein Gott,
warum hast du mich verlassen,
bleibst ferne meiner Rettung
und den Worten meiner Klage?

Mein Gott, ich rufe bei Tage,
und du antwortest nicht
– des Nachts – und finde nicht Ruhe.
Und doch bist du der Heilige,
der thront über den Lobgesängen Israels.

Psalm 22

Er wallt und flammt auf,
und ist dabei rein und befriedet.
Er weiß, daß ein freundliches und heiteres Antlitz
nicht geeignet ist
für einen, der züchtigt.
Es hindert seine Hilfe.
Darum entleiht er sich ein Antlitz, das erschreckt,
um die Schläfrigen aufzuscheuchen,
den Weichlichen Kraft zu geben,
und die Freien zu schelten,
damit sie nicht versklavt werden.[1]

Gruß an die Gottesgebärerin:

Von des Lebens furchtbarem Dunkel umschlossen,
fand ich niemand, der mit mir weinte und litt.
Durch deinen Glanz, o Jungfrau, die Nacht der Sünden
verscheuche, erleuchte den, der da singt:
Gepriesen bist du, Gott unserer Väter.

Bei Nacht und bei Tag, sichtbar und insgeheim,
nehmen zu deiner Hilfe alle wir Zuflucht,
o Reine, allheilige Gebärerin Gottes.
In heiligen Liedern preisen wir dich.[2]

Das Mandylion und Heiliges Linnen

PRÄGUNG UND BESEELUNG

Diese eindrückliche Ikone (vgl. S. 48 a) soll syrischen Ursprungs sein. Das älteste Bild dieses Typus stammt aus dem 6. Jahrhundert und befindet sich im Museum von Tiflis (Georgien). Es ist noch in der ursprünglichen Wachstechnik gemalt; das bedeutet, daß es kein flaches, sondern ein leicht dreidimensionales Bild ist. Dies scheint mir für den Gehalt dieser Ikone von besonderer Wichtigkeit. Der Legende nach handelt es sich um das einem Tuche eingeprägte Christus-Antlitz. Ich werde mir anläßlich dieses Bildes einige Gedanken über das Prägen, die Prägung als einem Zeugungsvorgang machen.

Es gehört zum Wesen jeder Ikone und zu der vor uns liegenden in besonderem Maße, daß sie in uns eindringt. Indem sie dies tut, prägt sie uns mit einem bestimmten Gehalt, den ihr der Maler in Form und Farbe eingegeben hat. Ist das Bild gut, d.h. noch urtümlich genug, so wird auch die Prägung lebhaft sein und in uns etwas stimulieren und wachrufen. Da dann etwas neues in uns anklingt, verstehe ich diese Berührung als subtilen Zeugungsvorgang. Die Ikone soll ja in uns das innere Gottesbild wecken.

Das Maler-Handbuch[1], wonach der Ikonen-Maler sich richten muß, gibt zu diesem Bild folgende Anweisungen:

»Auf einem Tuch ist das Antlitz Christi abgebildet. Es ist streng frontal, darf weder Halsansatz, noch Schulter zeigen. Die beiden Gesichtshälften müssen symmetrisch sein, ebenso die Haare und die Bart-Enden. Die Augen sollen offen und eindringlich blicken. Im Kreuznimbus steht geschrieben:

Ho On   =   der Seiende

In den Bildecken:

I X TH Y S   =   Iesus Christos Theos Yios Soter
Jesus Christus Gott Sohn Retter.«

Eine Erläuterung dazu sagt, es werde mit dieser Inschrift bekundet, daß der »furchtbare Name Jahwes dem Wesen Christi eigen ist«.[2] Dem Typos des Acheiropoietos (= ohne Hand gemalt) liegt eine sinntragende Legende zugrunde. Ich gebe sie gekürzt wieder[3]: Fürst Abgar von Edessa (179-214) ist tödlich erkrankt und bittet Jesus um Hilfe. Jesus schickt ihm sein, einem Tuche eingeprägtes Antlitz. Beim Anblick des Bildes gesundet Abgar. Weitere Ausschmückungen der Legende berichten, daß das Bild sich auf der Reise zu Abgar verschiedenen Materialien eingeprägt habe, so auch Ziegelsteinen, den sogenannten Keramidien, die dann über Kirchentoren eingemauert wurden.

Ein anderer Name »Kamulianum« rührt von einer sehr poetischen Erzählung her: Im Orte Kamulia sieht eine heidnische Frau im Teiche ihres Gartens ein Stück Leinwand schwimmen, auf welchem sie das Gesicht Jesu erkennt. Sie zieht das Bild aus dem Wasser. Wie das Bild trocknet, beginnt es sogleich, sich zu vervielfältigen, das heißt »es hinterläßt mehrere Abdrucke«. Die Geschichte wird in verschiedenen Varianten tradiert, ihr Sinn war einstens also lebendig.

Diese Legenden umkreisen die theologische Auffassung, daß Ikonen irdische Abbilder, das heißt Prägungen eines himmlischen Urbildes seien. Prägungen sind Verdichtungen und Abstraktionen. Einerseits wird Unsichtbares, Geistiges umgesetzt in Greifbares und Sichtbares; andererseits kann diese Konkretisierung nur zeichenhaft sein, da Gott nie zu fassen ist. Für Gottes Auswirkungen auf Erden ist die Idee der Prägung und Zeugung (»Heute habe ich dich gezeugt«) einleuchtend. Mit anderen Worten, hier klingt die Lehre von der Menschwerdung, der Inkarnation und der Heilwerdung an.

Aus den Legenden hören wir aber auch von der Vervielfältigung: Das bedeutet: Das ewige Bild, der Archetypos, kann sich jederzeit neuem Material einprägen; oder, psychologisch gesprochen, er kann potentiell in jedem Menschen in Schwingung geraten. Die Bilder der Legenden haben, wie innere Bilder, die Tendenz, spontan zu erscheinen, und dienen letztlich hier wie dort der Selbstverwirklichung und Menschwerdung. Parallel zu diesen frühen Vorstellungen und Lehren, hören wir aus der analytischen Psychologie C.G. Jungs, daß dem Menschen ein dynamischer Seelenkern eigen sei, der zur Selbstmanifestation dränge und unsere Seele in Bewegung versetze. Dieser kraftgeladene Kern wird mit »Selbst« bezeichnet, wie ich schon früher erwähnt habe. Dieser Begriff und dieses Phänomen wird uns auch bei dieser Ikone wichtig sein.

Die Ikone des heiligen Antlitzes ist theologisch reich befrachtet. Ich versuche, einiges davon im folgenden zu übermitteln. Ein theologischer Satz lautet:

> »*Als Ebenbild des unsichtbaren Gottes ist die Hypostase des Logos eine knappe und klare Verkündung der Natur des Vaters.*«
>
> Gregor von Nazianz, 4. Jahrhundert[4]

Ein anderer:

> »*Die Betrachtung des Antlitzes des Gottessohnes hinterläßt in unserem Herzen das Siegel der Person des Vaters.*«
>
> Gregor von Nyssa, 4. Jahrhundert[5]

> »*Derjenige, der die Schönheit des Bildes betrachtet, gelangt auch zur Erkenntnis des ursprünglichen Urbildes.*«
>
> Gregor von Nyssa[6]

Eine Belehrung:

> *»Wir verfügen, daß von nun an auf den Ikonen an Stelle des vormaligen*
> *Lammes (oder Fisch und Pelikan) die menschlichen Züge von Christus,*
> *unserm Herrn dargestellt werden. So begreifen wir die tiefe Bedeutung*
> *des Herniedersteigens des Gotteswortes und werden dazu angehalten,*
> *uns seines Lebens in Fleischesgestalt zu erinnern.«*

Kanon 82 der Synode von Konstantinopel, 692[7]

Dies sind einige Denksätze, die unserem Bild korrespondieren. Gemäß Gregor von Nazianz haben wir in diesem eine »knappe und klare Verkündung des Wesens des Vaters« zu sehen. Was sagt uns das Bild also?

Der runde Nimbus deutet auf das ganzheitliche Wesen des Vaters, das jedoch durchkreuzt und geteilt wird durch zwei starke Kreuzbalken: Die Natur des Vaters wäre demnach von gegensätzlichen Tendenzen gezeichnet und bestimmt. Ein Rundes an sich ist schwer greifbar, kaum zu fassen; greifbarer wird es durch das Kreuz und die dadurch gegebene Gliederung. Durch sie entsteht ein deutliches Oben und Unten. Die Gliederung wird unterstützt und hervorgehoben durch den strengen Schwarz-Rot Kontrast. Das menschliche Antlitz erscheint vor diesem Kontrast und auf diesen Kreuzbalken.

Zur Farbe Schwarz assoziieren wir beispielsweise Tod, Geheimnis, Finsternis, Unerkennbarkeit, Melancholie … Ist Schwarz überhaupt als Farbe zu definieren? Ist es nicht gerade die Abwesenheit von Farbe, die uns am Schwarz unter Umständen ängstigt?

Zur Farbe Rot kann uns u.a. Leben, Liebe, Leiden, Blut, Feuer, Zorn, Leidenschaft … in den Sinn kommen.

Vom Bilde her gesehen, wird die Natur des Vaters in sich zweipolig gezeichnet. Das Bild besagt denn auch, daß hier der Herr über Leben und Tod dargestellt sei. Der Kreuznimbus ist sein Zeichen.

Die strenge Frontalität des Bildes schlägt uns in Bann, fordert uns in eine Gegenüberposition und verlangt Gehorsam. Ehrfurcht, ja, Gottesfurcht klingen an. Ein zentraler, innerer Punkt ist getroffen. Das Gesicht ist auffallend dunkel und von strenger, ebenmäßiger Schönheit. Die Augen blicken wie von oben zum Beter herunter; sie sind nicht so weit geöffnet, wie sie es der Vorschrift nach sein müßten. Obwohl die Augen uns nicht anblicken, fasziniert uns das Gesicht; wir können uns seiner Wirkung nicht entziehen.

Bei aller Menschlichkeit: ein enthobenes, ewiges Antlitz!

Paulus hatte in einem bestimmten Augenblick die Traumvision, das »Gesicht« eines Mannes, der wegweisend zu ihm sprach (Apostelgeschichte 16,7-10); an anderer Stelle spricht er vom Geist Jesu, der es nicht zuläßt, daß er, Paulus, seinen Weg selber wähle. An solche Erfahrungen läßt mich das dunkle Gesicht auf unserer Ikone denken.

Auf dem Bild fällt mir weiter das Leuchten auf der Stirne und um die Augen auf; es scheint in einem gewissen Kontrast zu den viel dunkleren Brauen und Haaren zu stehen. Es ist nicht ein Licht das von einer äußeren Lichtquelle stammt, sondern eines, das von innen her aufleuchtet und ausstrahlt.

Der Nasenwurzel entspringen oben zwei springbrunnenähnliche Linien; sie lassen mich an das prophetische Element Jesu Christi denken, seine Art, ewige Wahrheiten aus den Tiefen menschlichen Urwissens hervorzubringen.

Die beschatteten Augen wirken traurig, Mittrauer mit dem leidenden Menschen spricht aus ihnen. Eigentlich hätte man ein freudiges Gesicht erwartet, soll in dieser Ikone doch die Freude über die endgültige Menschwerdung ausgedrückt werden. Das Gefühl der Trauer und des Dräuenden wird durch den herben Rot-Schwarz-Kontrast mitverursacht. Das Tuch erinnert an das Grablinnen.

Zur Schönheit dieses Siegels der Menschwerdung gehört von Anfang an das Wissen um Leid und Tod.

Fragen wir uns, worin, wie und in welcher Weise wir selber etwas von dieser inneren Prägung, dem uns eingesenkten Gottesbild und seiner Auswirkung erfahren – vielleicht dann, wenn wir unsere eigene Gottesvorstellung gedanklich umkreisen: Wie stelle ich mir Gott vor, dessen Bild ich, gemäß orthodoxer Lehre, ähnlich werden soll?

Welches Bild trage ich in meinem Herzen und welches Bild habe oder mache ich mir von mir selber? Wer bin ich? Wer möchte ich sein? Wie verhelfe ich dem in mir liegenden Gestalt anzunehmen?

Hören wir C.G. Jung, der unablässig über das innere Gottes- und Menschenbild nachgedacht hat: »Gott hat allerdings, ohne Mithilfe des Menschen, ein unbegreiflich herrliches und zugleich unheimlich widerspruchsvolles Bild von sich selber gemacht und es dem Menschen als einen Archetypus, ein archetypon phos (archetypisches Licht) ins Unbewußte gelegt, nicht damit die Theologen aller Zeiten und Zonen sich darüber in die Haare geraten, sondern damit der nichtanmaßliche Mensch in der Stille seiner Seele auf ein ihm verwandtes, aus seiner eigenen seelischen Substanz erbautes Bild blicken mag, welches alles in sich hat, was er sich je über seine Götter oder über seinen Seelengrund ausdenken wird.«[8]

Das Gesicht Christi ist, wie wir in der Legende vernehmen, einem Gewebe eingeprägt. Wie ist das zu verstehen? Was schließe ich daraus? Mir sagt diese Überlieferung, daß das Bild Gottes nicht als am Himmel im fernen Äther schwebend gedacht ist, sondern als der Materie eingesenkt. Das Aufscheinen des Gottesbildes, oder das Gotteserlebnis selber geschieht nicht im luftleeren Raum, sondern wird aufgefangen vom Gewebe, das wir ihm bereiten, das wir selber sind. In gnostischen Vorstellungen steigt ein Götterjüngling und Gottessohn vom Himmel herab, um sich mit der Erde in Liebe zu verbinden. Das Himmlische drängt zur Vereinigung mit dem Irdischen. In der Legende und in unserer Ikone ist symbolisch ausgedrückt, daß Gott sich der Erde verbinden und sich in der ganzen Schöpfung inkarnieren will, auch in der Ikone und in jedem Menschen.

Das Bild des Acheiropoietos nimmt teil am »Feste der Orthodoxie«.

In diesem Fest feiert die Orthodoxe Kirche ihr eigenes Bestehen und ihre alljährliche Erneuerung. In dieser Ikone wird einerseits der Sieg der heiligen Bilder über die Bilderstürmer des 8. und 9. Jahrhunderts und über das biblische Bilderverbot gefeiert und andererseits ist sie Ausdruck und Darstellung des endgültigen Triumphes des Dogmas der Menschwerdung Gottes. Der Bilderstreit war unter anderem wegen des Vorwurfs an die Bilderverehrer, sie beteten tote Materie an, entbrannt. Es fehle den Bildern der lebendige Odem, argumentierten die Bilderstürmer und lehnten das tote Bild ab. Sie ließen nur das Kreuz als reines Symbol gelten und setzten dieses dem Bild entgegen. Das Wesen Gottes mit materiellen Farben darzustellen, verwarfen sie in ihrer geistigen Schau. Vielmehr waren sie der Ansicht, der Mensch solle durch einen langen Läuterungsprozeß selber lebendige Ikone Gottes werden. Der hundertjährige Bilderstreit wurde durch zwei Frauen beendigt. Das 2. Konzil von Nicäa (787), bei welchem Bild und Kreuz die gleiche Verehrung zuerkannt wird, wurde von Kaiserin Irene organisiert; Kaiserin Theodora sanktionierte 843 die Konzilsbeschlüsse und setzte das Fest der Orthodoxie ein.

Vergessen wir nicht: Alle Dogmen basieren ursprünglich auf menschlichen Erfahrungen. Was also war es, fragt man sich, das der Mensch erfahren und das zum Dogma der Menschwerdung geführt hat? Und wie mag es jenen frühen Gelehrten zumute gewesen sein, die beschließen und formulieren mußten, daß ein Gott, der unsrige, sich als Mensch und im Menschen gezeigt hat? Genau diesen umwerfenden Beschluß Gottes besiegelt die Orthodoxie mit dieser Ikone.

Das Kontakion zum Feste der Orthodoxie lautet:

»*Das unumschreibbare Wort des Vaters hat durch seine Fleischwerdung aus dir, Gottesgebärerin, sich selbst umschrieben. Und indem es das befleckte Bild in seiner Urgestalt wieder herstellte, durchdrang es dieses mit Schönheit.*«[9]

Dieses Kontakion »enthält im Keime die gesamte Lehre vom Bild im höchsten Sinne des Wortes« führt Ouspensky aus: »Die Ikone Christi, des Gott-Menschen, ist eine bildmäßige Wiedergabe des Dogmas von Chalcedon, stellt sie doch die fleischgewordene Person Christi dar, des Menschensohn gewordenen Gottessohnes, der kraft seiner Gottesnatur wesenseins mit dem Vater, und kraft seiner Menschennatur wesenseins mit uns ist.«[10]

Durch die nun endgültig besiegelte Menschwerdung wurde auch das Bilderverbot hinfällig. Der unsichtbare Gott hatte sich selbst in seinem Sohn gezeigt und verwirklicht und durfte nun, als dieser, sichtbar dargestellt werden.

Ein kleinerer Bilderstreit dauert bis heute fort, nämlich zur Frage, ob die Ikone ein flaches oder ein plastisches Bild sei. Jeder, der eine Ikone küßt oder mit zartem Finger berührt, spürt, daß sie nicht flach ist. Von dieser subtilen Körperlichkeit geht denn auch ihr sinnlicher Reiz aus. Doch eben dies möchten gewisse Gelehrte nicht wahrhaben. Die Entwicklung von der einstmaligen verbotenen Rundplastik und Götzenfigur bis zur feinstkörperlichen Ikone entspricht dem Vergeistigungsprozeß, welcher mit dem christlichen Gottesverständnis eingesetzt hatte: Materie, ja, wirklich alle Materie muß durchgeistigt und beseelt werden. Das sagt uns diese Ikone.

Wie ich andernorts darlege, geht es in der ostkirchlichen Lehre und im Gottesdienst um die Wiederherstellung des inneren Gottesbildes, der inneren Prägung. Es ist uns aufgegeben, die uns im Schöpfungsbericht zugedachte Gottebenbildlichkeit anzustreben. Gemäß orthodoxer Auffassung ist das ursprüngliche Bild Gottes im Menschen durch die Sünde der (namenlosen) Vorväter getrübt wie ein verschleierter Spiegel. Sinn des Lebens ist es, diesen Spiegel in nimmermüdem Ringen um Erkenntnis und Läuterung zu klären, um so das Bild Gottes in unserer Seele neu aufscheinen zu lassen. Das Bild der Bereinigung des Spiegels findet sich, trotz jahrzehntelangem Atheismus, bis heute im russischen Menschen; so etwa in den Zeilen der Dichterin Natalia Gorbanievskaja:

> *»Wir ändern uns mit jedem neuen Tag*
> *und, einen Schritt uns von uns selbst entfernend,*
> *wischen wir die Spiegel zaghaft blank;*
> *tasten Umrisse mit weichem Tuche*
> *und jagen schwindenden Konturen nach…«*[11]

Nicht annähernd so poetisch, aber dasselbe meinend, wird dieser Vorgang in der analytischen Psychologie als Individuationsprozeß bezeichnet, als Prozeß der Selbstwerdung. Den Bemühungen um den inneren Spiegel entspricht die Entwicklung des Ich zum Selbst; sie bedeutet die Kontaktnahme mit unserem Wesenskern, einer inneren Kraftquelle. Ziel ist in jedem Falle das Heilwerden, die Ganzheit, das Heil. »Selbsterfahrung, weit genug voran getrieben, grenzt immer an Gotteserfahrung«, sagt nicht nur der heutige Seelenarzt, sondern sagten schon vor ihm die Kirchenväter. Je klarer wir unser individuelles Menschsein ausformen und verantwortlich erfüllen, je näher wir bei uns selber sind, desto ähnlicher werden wir dem Bilde, nach dessen Plan und Grundform wir geschaffen sind. Die Verwirklichung des Planes, das Zulassen des Werdens eines göttlichen Keimes, wenn auch eines unberechenbaren, in uns ist ein Teil Inkarnation.

Das will unsere Ikone bekräftigen. Was dem ersten Adam noch nicht gelang, wird im zweiten – Jesus Christus – Wirklichkeit. Die Wandlung vom kreatürlichen Adam zum Menschen- und Gottessohn ist Urbild für unseren eigenen Weg vom naturhaften, noch unbewußten Menschen zu einer bewußten, integrierten und beseelten Persönlichkeit; anzufügen ist, daß »die Individuation die Welt nicht ausschließt sondern ein«.[12]

Wer ernsthaft unterwegs ist zu diesem Ziel, wird seinerseits auf andere prägend wirken, dem heiligen Linnen ähnlich, das sich, stets unterwegs, vervielfältigt. Ein eindrückliches Beispiel geben uns die sich begegnenden Jesus und Petrus, die sich beide gegenseitig prägen und im anderen das Göttliche und die höchst eigene Lebensaufgabe konstellieren, sie zeugend, hervorrufen:

»Du bist der Christus, des lebendigen Gottes Sohn«, erkennt Petrus und Jesus antwortet darauf: »Du bist Petrus und auf diesen Felsen will ich meine Gemeinde bauen und die Pforten der Hölle sollen sie nicht überwältigen. Und ich will dir des Himmelreiches Schlüssel geben …« (Matthäus 16,15.18).

In beiden leuchtet der innere Mensch, das Gottesbild auf, das Bild, das nicht von Menschenhand gemacht wurde.

Heute hat die Gottheit sich selber der Menschheit
eingeprägt, damit auch die Menschen sich
schmücken
mit dem Siegel der Gottheit.[13]

Der Mensch, der dem Bildnis Gottes gleich geboren
wurde, mußte die Ähnlichkeit erst noch erwerben.
Das göttliche Wort, das in die Welt gesandt wurde,
um die Ähnlichkeit zu vollenden, begann damit,
daß es unsere Gestalt annahm, damit wir fähig würden,
seine göttliche Gestalt anzunehmen.

Methodius vom Olymp

Theotokion:

Der ewige Gott, der von Natur ungeschaffen,
nahm an der Menschen geschaffene Natur
und formte in deinem Schoße sie neu,
stets jungfräuliche Gebärerin Gottes.[14]

Christus, der Allherrscher, der Lehrende

HERZENSWEISHEIT ALS LEHRE

Dieser Bildtypos geht zurück auf die frühbyzantinischen Fresken und Mosaiken des 4./5. Jahrhunderts, so wie sie beispielsweise in den großartigen Kuppel- und Apsismosaiken der Hagia Sophia, der Kathedrale von Monreale auf Sizilien oder im Dom von Ravenna zu sehen sind. Auf diesen Bildern blickt der Allherrscher von oben herab auf die Gläubigen. Mit seinen Armen umgreift er den Kosmos. Dem Betrachter will scheinen, Gott selber offenbare sich über seiner Welt. Frühe Kirchen wiesen im Kuppelzentrum eine Öffnung auf, um Gott Einblick in seine Gemeinde zu gewähren. Vielleicht hoffte man auch, Gott möge dort herniedersteigen. Dem frommen Beter erlaubte die Öffnung einen andächtigen Blick in das All, in die erhoffte, jenseitige Welt.

Der Bildtypos des uns belehrenden, prüfenden, mahnenden und behütenden Herrn lebt in der vor uns liegenden Ikone weiter (vgl. S. 64 a). Christus ist halbfigurig dargestellt. Sein Bild zeigt uns ein ernstes, sensibles Gesicht. Die Augen sind offen, nachdenklich, wahrnehmend und einladend. Der Blick ist nicht weltabgewandt, sondern blickt in die Welt hinein und durch sie hindurch. Antlitz und Hand des Erlösers sind ungewöhnlich hell, wohl Matthäus 17,2 folgend: »... sein Angesicht leuchtete wie die Sonne.« Diese Textstelle wiederum wurzelt in Exodus 30,29, die vom leuchtenden Antlitz Mose spricht, als er gotterfüllt vom Berge Sinai herabstieg. Das Motiv des Leuchtens greift bei anderen Darstellungen oft auch der Text des geöffneten Buches in der Hand Christi, auf: »Ich bin das Licht der Welt« (Johannes 8,12). Das von Gott-Erfüllt-Sein strahlt auch aus dem Gesicht dieser Ikone.

Die Gesichtsform ist auffallend: Was sich auf der Ikone des Christus-Immanuel noch schwer in eins fügen wollte, der runde Kopf und die eckige Stirne, ist sich jetzt näher gekommen, die Gegensätze haben sich gemildert. Wie ein Baldachin ruht die Stirn Christi auf dem Pfeiler der Nase und den zwei Bogen der kräftigen Augenbrauen. Die Stirn schiebt sich keilförmig in die schwere Haartracht. Der runde Kinderkopf des Immanuel ist überwachsen.

Beim Betrachten meldet sich die Assoziation »Tempel« des Geistes. Würde eine vergleichbare Gestalt in unseren Träumen erscheinen, so ahnten wir, daß sich Schicksal anbahnt, daß diese Figur etwas von uns will, daß jetzt unsere Seelenlandschaft nachhaltig verändert wird. Unserem inneren Ohr wäre höchste Aufmerksamkeit zu empfehlen, um den Gang der nun anhebenden Dinge zu erhorchen.

Das Gewand des Meisters ist, seiner Doppelnatur »wahrer Mensch und wahrer Gott« entsprechend, in zwei Farben dargestellt. Das Purpurkleid seiner Göttlichkeit verbirgt sich unter dem Grün der Natur, unter seinem Menschsein, seiner Menschwerdung.

Unsere Ikone rückt drei Figurationen in den Vordergrund: die eigenartige Hand, den roten Schulterstreifen und das rote Buch. Über diese drei »Körper« möchte ich nun nachdenken.

Das rote Buch und der rote Streifen, der sogenannte Clavus, bilden zwei Pole, in deren Mitte sich die Hand Christi erhebt. Die Farbe Rot läßt, wie wir wissen, den Puls höher schlagen; das Rot scheint die Hand zu beleben und zu beseelen. Sie zeigt sich uns als segnende, sprechende und rettende Hand. Der rote Clavus weist auf sie hin. Eigentlich sind es zwei Clavi, zwei Purpursäume, die das Gewand Christi zieren. Deren bildliche Darstellung wurde aus der römischen Antike übernommen; dort schmückten sie die Toga des Kaisers und anderer Würdenträger. Überraschenderweise erhielten auch Knaben, bei ihrem Eintritt ins Mannesalter solche Clavi.

Das lateinische Wort »clavus« bedeutet in erster Linie »Nagel«, in zweiter Linie »Gewandsaum«. Welchen Zusammenhang könnten die zwei Bedeutungen haben? Ich fand keine Antwort in der Forschung. Nur spekulierend stelle ich eine Verbindung her: Lateinisch clavus, französisch clou = Nagel, davon das Verb clouer = nageln, festhalten und in übertragenem Sinne = fesseln. Dies legte mir nahe, die mit Clavi geschmückten und bezeichneten Personen seien vielleicht gebundene, sprich verpflichtete Menschen. Möglicherweise wurden Gold- und Purpursäume jenen zugesprochen, die nicht nur neue Würde erlangt hatten, sondern mit dieser Würde auch eine neue Verpflichtung eingingen. Der Clavus/Nagel mag Zeichen ihres verbindlichen Ja gewesen sein. Auch die Apostel wurden mit Clavi dargestellt, den Zeichen des Verhaftetseins an ihr Gelübde und ihre Mission. Sie sind »Gefesselte und Faszinierte«, wie das französische clouer es ausdrückt.

Christus trägt seinen Purpursaum als Herrschaftsattribut und Zeichen seiner äußersten Hingabe an seinen Auftrag.

Auf unserer Ikone scheint der rote Strom die Hand mit Kraft zu füllen, so daß sie dem Buch voll Leben gegenübertritt.

Das Buch steht, wie ein einstweilen noch verschlossenes Tor vor uns, während gleichzeitig sein leuchtendes Rot und die umgekehrte Perspektive uns einladen, durch das Tor in das Buch und Bild einzutreten, es zu erwandern. Wir ahnen, daß im Hintergrund mehr und Größeres ist, als wir vordergründig erkennen. Mit leichtem Bangen geht uns auf, daß die ungewohnte Perspektive den Fluchtpunkt in uns, die Betrachter legt. Das Buch fällt uns zu, wirkt auf uns, meint uns, teilt uns mit, daß aus Gottes Blickwinkel alles anders aussieht. Es ist an uns, das Buch zu öffnen oder geschlossen zu lassen.

Ganz allgemein verstehe ich ein Buch als Symbol des Erkannten und Formulierten, als Verbalisierung von Wissen, Schau und Erfahrung. Hinter jedem Buch steht ein Prozeß der Verarbeitung und Umsetzung des Erlebten und Erforschten in Sprache. So wird das Buch zum Sinnbild von Weisheit, Lehre und Offenbarung. Durch

Bücher sind wir fremden Menschen, Sprachen und Kulturen verbunden und haben teil an deren eigenen, je spezifischen geistigen Früchten. Aus jedem Buch spricht überdies der Mitteilungsdrang des Autors; wir dürfen dies, so hoffe ich, auch vom Autor des roten Buches unserer Ikone erwarten. Aus diesem Buch soll das Wort Gottes wie ein Lebensquell hervorsprudeln.

Die heilige Schrift nennt uns mehrere Bücher, deren Gehalt in diesem roten Buch mitangedeutet ist. Ich rufe einige in Erinnerung:

Das Buch des Lebens: ein im Jenseits gedachtes Buch, in welches Gott seine Auserwählten einschreibt. Der Erzengel Gabriel ist sein Schreiber.

Das Buch, das beim göttlichen Gericht aufgeschlagen wird. Göttliches Wissen und menschliches Ge-wissen sind im Symbol dieses Buches zusammengeschaut. (Offenbarung 20,12-15; Daniel 7,10)

Das Buch des vorgezeichneten Schicksals (Psalm 138,16; 139,16)

Das versiegelte Buch der göttlichen Ratschlüsse; es schreibt über die letzten Dinge. (Offenbarung 21,27)

Das versiegelte Buch. (Offenbarung 5)

Das Buch als Symbol von Offenbarungen über die Pläne Gottes. Z.B. die Buchrolle des Ezechiel enthält alles, was dieser verkünden soll.

Das Buch, das gegessen werden soll. (Offenbarung 10,2; 10,8-11)

Die Verinnerlichung der gelesenen Worte. (Als schönes Beispiel sei Romanos, der Melode, genannt, der nach der Verspeisung einer ihm von der Gottesgebärerin geschenkten Schriftrolle, den herrlichen Akathistos-Hymnos gedichtet haben soll.)

Das Buch als Symbol des Gotteswortes bedeutet das göttliche Gesetz und die Glaubenslehre.

Als heiligstes Buch gilt das Evangelium: In ihm spricht Jesus selbst; jene Worte, die als ewig gültig erkannt wurden, sind hier aufgeschrieben. Durch sie bringt er sich uns näher und bietet sich als belebendes Wort, wie auch als Weg der Lebensbewältigung an. Die rote Farbe kann seine von Liebe und Leben erfüllte Selbstdarbringung andeuten, aber auch die Intensität seines geistigen Feuers.

Noch steht das Buch als Rätsel vor uns; wir sehen die, in lebenslangem Prozeß zu entziffernden Schriftzeichen noch nicht. Aus Malvorschriften wissen wir – wie ich bereits andeutete – was hier zum Beispiel stehen könnte:

>*Ich bin das Licht der Welt …*«

Johannes 8,12

>*Nehmet auf euch mein Joch und lernet von mir …*«

Matthäus 11,29

>*Kommet her zu mir alle, die ihr mühselig und beladen seid …*«

Matthäus 11,28

>*Ich bin das Brot des Lebens …*«

Johannes 6,35

Was mich auf dieser Ikone besonders beeindruckt, ist die Hand des Erlösers. Einem ersten flüchtigen Blick mag sie sich als gewöhnliche Hand zeigen; verweilen unsere Augen aber, so erkennen wir ihre ganz und gar eigenartige Gestalt; wir merken, daß es sich um ein komplexes Sinnbild handelt. Das Malerhandbuch informiert uns über die theologischen Gedanken, die mit dieser Darstellung verbunden sind:

>Wenn ihr die segnende Hand darstellt … kreuzt den Daumen mit dem vierten Finger, so daß der Zeigefinger gerade bleibt und der Mittelfinger etwas gekrümmt ist in der Form des Namens Jesus = IC. Der fünfte Finger bleibe etwas gekrümmt in der Form des Namens Christus = XC. Diese vier Buchstaben bilden die Abkürzung von Jesus Christus. So hat es die göttliche Vorsehung gewollt, daß die Finger des Menschen unterschiedlich lang gemacht sind, damit sie den Namen Christi formen können.«[1]

In der Malvorschrift klingt also wieder die Zwei-Naturen-Lehre vom Gott-Menschen an.

Ich ließ, versuchsweise einige Betrachter frei zu der dargestellten Hand assoziieren, es meldeten sich folgende Einfälle:

> *Die Hand schockiert.*
>
> *Sie ist zweigeteilt.*
>
> *Man weiß nicht, ob sie fleischig oder knochig ist.*
>
> *Die Hand läßt an ein Organ denken.*
>
> *Sie erinnert an ein Herz.*
>
> *Die Hand tritt hervor wie ein inneres Organ.*
>
> *Es ist keine äußere Hand, sondern eine innere, symbolische.*
>
> *Die Hand ist wie ein Kelch, aus dem etwas hervorgeht, oder in diesen hineinkommt.*
>
> *Etwas Baum- oder Blütenähnliches wächst aus dem Kelch hervor.*
>
> *Die Finger gleichen Wurzeln, die Hand einem Stamm.*
>
> *Der untere Handteil ist wie eine Schale, die den Kelch trägt.*
>
> *Sie empfängt den Kelch von oben.*
>
> *Die beiden Teile bilden ein Ganzes.*
>
> *Die Hand ist voll Anmut.*
>
> *Es sind drei und zwei Finger.*
>
> *Die sich so zart berührenden Daumen und Ringfinger scheinen eine Begegnung anzudeuten.*
>
> *Begegnung und Vereinigung bringt Fruchtbarkeit.*
>
> *Fruchtbarkeit bringt Segen.*
>
> *Es ist eine segnende Hand.*
>
> *Oberes und Unteres vereinigen sich.*
>
> *Der Himmel liebt die Erde.*

Ich lasse diese Einfälle, so wie sie geäußert wurden, stehen. Wir werden später sehen, wie sie sich dem Sinn annähern. Sie beweisen aber auch, wie inspirierend eine bloße Hand sein kann.

Jede menschliche Hand ist ein Kunstwerk. Jeder Teil kann sich selbständig und unabhängig bewegen und bildet als Ganzes einen Organismus, der uns das Greifen, das Be-greifen und Erfassen ermöglicht. Aus dem Erfassen resultiert das Handeln. Die Hand steht in engster Verbindung mit dem Gehirn; beide stimulieren sich gegenseitig durch ihre Impulse. Oft geben uns Hände wichtige Hinweise auf Charakter oder Beruf eines Menschen. Mitunter will uns eine Hand geradezu als geistiges Organ erscheinen.

Nicht zu zählen sind die Gesten unserer Hände und was wir damit ausdrücken. So z.B. Gruß, Einverständnis, Versprechen, Dankbarkeit, Trost, Liebe, Zärtlichkeit, Zorn, Strafe und vieles, vieles mehr. All unser Tun und Verhalten ist begleitet von der Sprache unserer Hände. Wortlos übermitteln sie Nachrichten, oft sogar ohne unser Wissen und gegen unser Wollen. Die Hand ist ein schöpferisches Werkzeug, das Unendliches zu formen und zu gestalten vermag. Die menschliche Hand ist wahrhaftes Abbild der Schöpferhand Gottes.

Was teilt uns die Hand des Erlösers auf unserer Ikone mit? Gelehrte und Gläubige aller Jahrhunderte haben sich über die Segenshand Gedanken gemacht. Dorothea Forstner weist auf, daß an unzähligen Stellen der heiligen Schrift Hand, Arm und Finger Anthropomorphismen sind, die Gottes schaffende, helfende, rettende, strafende oder siegreiche Macht bezeichnen. Sie erwähnt Cyrill von Alexandrien, der – mit anderen Kirchenvätern übereinstimmend – die Hand Gottes als Symbol des inkarnierten Logos deuten. Ausgehend von Psalm 98,1 schreibt Cyrill: »Ihm half seine Rechte, sein heiliger Arm. Rechte Gottes, des Vaters nennt der Psalmist den Sohn. Durch ihn hat nämlich der Vater gleichsam mit seiner eigenen Hand alles zum Dasein gebracht … Wie aber die Hand des Menschen vom Leibe nicht verschieden ist, sondern aus ihm und in ihm, so auch die allmächtige Rechte des Vaters als Künstler und Bildner des Alls. Er, vor dem alle seine Werke zittern, hat sie errettet für sich und den Vater.«[2]

Ebenso einstimmig beziehen die Kirchenväter den Finger der Gotteshand auf den heiligen Geist: »… wie nämlich der Finger mit der Hand und dem Arm, Hand und Arm aber mit dem Körper einer Natur sind, so sind Vater, Sohn und heiliger Geist zwar drei Personen, eins jedoch in der göttlichen Wesenheit.«[3]

Und Ambrosius schreibt: »Wenn der Geist Finger genannt wird, so wird er damit als wirksame Kraft bezeichnet; denn wie der Vater und der Sohn, so ist auch der heilige Geist Vollbringer göttlicher Werke.«[4]

In diesem Zusammenhang sei auch an die vielen rituellen Gesten und Handlungen erinnert, wie Handauflegung, Handwaschung, die Salbung oder das Ineinanderlegen der Hände bei der Trauung, das Halten oder Erheben der Hände zum Gebete, sowie das Segnen mit der Hand … Auf vielen Ikonen ist die segnende oder eingreifende Rechte Gottes, als pars pro toto, in einem Kreissegment der oberen Bildecke zu sehen.

Doch vertiefen wir uns wieder in das gegebene Bild: Mit unglaublicher Eleganz und Poesie steigt die Hand des Erlösers auf aus der dunklen Schlucht, dem geheimnisvollen Kraftfeld, das sich zwischen den zwei roten Polen, Clavus und Buch, gebildet hat. Darf ich die untere Hälfte der zweigeteilten Hand als empfangendes Gefäß, die obere als zeugendes Organ deuten? Welche Wesenheiten sind es, die sich in den Fingern so unendlich zart berühren? Könnte das Obere sich aufrechterhalten, wenn sich nicht das Untere so willig darbieten würde? Und würde das Untere sich so sehnsüchtig nach oben recken, wüßte es nicht vom Segen, der von dort kommen kann? Ist die Schale der alles tragenden und formenden Erde dem Menschsein zuzuordnen und das zeugende Organ dem befruchtenden Geist des Göttlichen?

Jesus Christus wird wahrer Mensch und wahrer Gott genannt. Diese zwei Naturen muß er in sich zum Einklang bringen. Ich sehe in der dargestellten Hand ein Sinnbild dieses Einklangs. Der dunkle Hintergrund erhöht die Spannung der Zusammenfügung. Kreuzförmige Zeichen liegen wie ein Raster hinter der Hand. Sie erinnern uns unwillkürlich an die Auferstehungsikone, auf welcher der Sieg Christi über den Tod dargestellt wird. Staunend werden wir der Graböffnung gewahr, die sich hinter der Hand abzeichnet. Aus ihr scheint die Hand des Erlösers hervorzutreten: Zeichen des Lebens und des Todes fallen in eins. Ich ahne dunkel, daß mir hier das Geheimnis der Wiederbelebung entgegentritt, als unerklärliches Geschehen, das sich im Symbol der gegensatzvereinigenden und aufgerichteten Hand kundtut. Es ist die neue Lebendigkeit, der neue Anfang, der möglich wird, wenn Getrenntes in eins sich findet und in einem dritten sich selbst überschreitet, wenn Gottes Wesen und Menschennatur im Gottmenschen aufblüht und sich inkarniert.

Bei weiterem Betrachten der Hand fällt mir die merkwürdige Diskrepanz zwischen den langen, vergeistigten Fingern und dem eigenartigen Handballenstumpf auf. Ist auch dies ein Rätsel, das der wissende Künstler uns zur Lösung aufgibt? Wie, wenn hier der Stumpf Isai gemeint wäre, aus dem neues Leben aufblüht? Es heißt: »Ein Reis wird hervorgehen aus dem Stumpf Isai und ein Schoß aus seinen Wurzeln Frucht tragen. Auf ihm wird ruhen der Geist des Rates und der Stärke, der Geist der Erkenntnis und der Furcht des Herrn.« (Jesaja 11,1 u. 2)

War nicht schon eingangs bei den freien Einfällen zur Hand die Rede vom baumähnlichen Stumpf, von Wurzeln und Zweigen, die aus ihm hervorwachsen? Haben unsere spontanen Ideen nicht schon manches intuitiv erfaßt, was sich im Laufe der Vertiefung dann als theologischer Sinn entpuppte? Ach, wunderliche Seele, die du ahnst, bevor du weißt! Es sei der Maler gepriesen, der uns nach Jahrhunderten mit seinem zeitlosen Urbild zu belehren und in die christlichen Geheimnisse zu verstricken weiß. Sind es nicht die Geheimnisse des Menschseins, des Lebens überhaupt?

Hand, Purpursaum und Buch gehören zusammen. Im Buch sind Leitbilder festgehalten, die sich bewährt haben und die so zum Gesetzten wurden. Jesus Christus bietet sie uns als Lebensstrategien an. Die eindrückliche Hand fordert zum Handeln und zur Umsetzung des Geschriebenen auf. Die Hand des Belehrenden – in ihrer ganzen Widersprüchlichkeit, in ihrer Zweigeteiltheit, in ihrem Aufsteigen aus dem Dunkel – könnte uns eine erlösende Hand sein, so wie denn oft nur aus tiefster Dunkelheit wahre Erneuerung möglich wird. Der Clavus weist darauf hin, daß die innere Haltung Christi dem Menschen gegenüber die der höchsten Verantwortlichkeit und Verbindlichkeit ist; ja er mahnt auch jeden Betrachter, selbst den Schritt aus der kollektiven Unverbindlichkeit heraus zu tun und in eigener Verantwortung seinen persönlichen Weg unter die Füße zu nehmen. »Menschensohn, stelle dich auf deine Füße, ich will mit dir reden« (Ezechiel 2,1), scheint das ernste Antlitz uns zu mahnen.

Und was redet es zu uns?

Sind es Botschaften, die uns froh machen können?

Und was heißt eigentlich froh? Überraschenderweise steckt in der Wortwurzel des Wortes froh die Bedeutung »flink« und »springen«. »Froh« bringt uns auf die Beine, beschleunigt den Puls.

Froh machen kann uns sicher die Botschaft, daß uns im göttlichen Kind Gott erschienen ist. Können wir das im Großen auch nicht fassen, so ist es doch erlebbar, daß in unserem eigenen Herzen und Sinn ein lebendiger Mittelpunkt pocht, ein Samen sprießt, der, dem Kinde gleich, stets im Wachsen begriffen ist und uns mit immer neuen Impulsen stimuliert. Ist es der Lebenstrieb selbst, der uns antreibt, oder ist es das Siegel Gottes in unserer Seele, das uns diese Kraft spendet? Jedenfalls können wir dessen froh sein. Ich habe andernorts eingehend über das göttliche Kind und seine Bedeutung für uns geschrieben.[5]

Aber auch das Buch enthält zahlreiche Anweisungen und Empfehlungen, die unser Frohsein und Ausgewogensein fördern wollen. Eine dieser Empfehlungen ist die sogenannte goldene Regel (Matthäus 7,12):

»Alles nun was ihr wollt, daß es die Menschen euch tun, das sollt auch ihr ihnen tun, denn darin besteht das Gesetz und die Propheten.«

Was kann uns denn an dieser Regel froh machen? Was ist es, das uns auf die Beine bringt? Ich brauche nur die alttestamentliche Version dieses Satzes zu nennen (Tobit 4,15), um einzusehen welch positive Bewegungskraft der goldenen Regel innewohnt:

»Was dir selbst verhaßt ist, das mute auch einem anderen nicht zu!«

Die goldene Regel wird mich zwingen, mich mit meinem Mitmenschen und mit mir selber zu befassen. Ich soll ihm tun, was ich gerne für mich erwarten würde. Bin ich denn so sicher, was ich will? Ein erster Schritt bestünde also in Selbstbesinnung, ein zweiter Schritt in der Umsetzung des Erkannten in die Tat. Wie schwierig ist es doch, etwas für sich selbst Erwünschtes erst einem anderen zukommen zu lassen! Und: Will der andere meine Gabe oder Zuwendung überhaupt? Projiziere ich nicht etwa meine eigenen Wünsche auf ihn und mißachte dabei seine eigenen Bedürfnisse? Habe ich das Recht anzunehmen, mein Wunsch sei auch der seine? Möglicherweise werden wir Dank ernten, vielleicht aber wehrt sich unser Mitmensch gegen die – wenn auch wohlgemeinte – Einmischung. Sei dem wie es wolle: Die Ausübung der goldenen Regel wird uns unweigerlich in eine Beziehung und Konfrontation verwickeln, uns ein Stück Selbsterfahrung bescheren und unsere Menschenkenntnis fördern.

Als für ebenso belebend und froh machend, jedoch ungleich anspruchsvoller, erachte ich die Textstelle Lukas 10,25-37, welche die Frage nach dem ewigen Leben enthält. Wir wissen nicht, ob es ein ewiges Leben nach dem Tode gibt, aber wir treffen Menschen, die uns durch ihre stete Lebendigkeit beeindrucken und beglücken. Ich bin der Auffassung, daß in dieser Textstelle mindestens auch nach dieser inneren Lebendigkeit gefragt wird. »Ewiges Leben«, dies beginnt lange vor uns und wird weiter dauern, wenn wir längst gegangen sind. Angefragt sind wir, ob wir mit unserer eigenen Lebendigkeit, unserem Lebensanteil in diesen Lebensfluß einsteigen.

Jesus läßt den Fragesteller das Gesetz lesen:

> *»Du sollst den Herrn, deinen Gott, lieben aus deinem ganzen Herzen und mit deiner ganzen Seele und mit deiner ganzen Kraft und mit deinem ganzen Denken, und deinen Nächsten wie dich selbst. Da sprach Jesus zu ihm: Du hast recht geantwortet; tue das, so wirst du leben.«*

Wie wichtig es Jesus war, daß wir unser Leben auch im Diesseits vollgültig leben, und wie er sich dabei als beispielgebend empfand, geht aus einem seiner Logien (Nr. 59) hervor[6]:

> *»Achtet auf den Lebendigen, solange ihr lebt, damit ihr nicht sterbt und ihr ihn zu sehen sucht und werdet ihn nicht sehen können.«*

Ich will hier nicht auf das Ganze des Textes eingehen, sondern nur knapp andeuten, daß Jesus sehr hohe Anforderungen an den stellt, der wirklich am Lebensprozeß teilhaben will. Er verlangt eine ungeteilte, ganzheitliche und gerichtete Lebenshaltung dieses Menschen. Wer das Verlangte verwirklichen will, wird bald erfahren, daß er sich nicht bequem zurücklehnen kann. Er muß vielmehr dauernd Gott, den Mitmenschen und sein eigenes Tun und Lassen beobachten, und sich diesem dreipoligen System aktiv zuwenden, wenn er ihm gerecht werden will. Er wird in ständiger Bewegung auf diese drei Punkte hin sein, um sie – eine sehr schwierige Aufgabe – in Einklang zu bringen. Die Drei ist eine dynamische Zahl. Ihr Ungleichgewicht läßt heilsame Unruhe in uns entstehen und bewegt Leib und Seele. Sie ist mitverantwortlich für die ungeheure Dynamik des Christentums (oder müßte man sagen, für die einstige Dynamik?).

Wir sind mit unseren Gedanken noch immer beim roten Buch

unserer Ikone und bei den aufregenden und anregenden Worten, die aus ihm hervorgehen: »Worte des Lebens«. Ich erlaube mir, noch auf einen weiteren bewegenden Text, hinzuweisen: Es handelt sich um die Stelle Matthäus 5,22-26, die uns Empfehlungen gibt, wie sich im Bruderzwist zu verhalten sei. Wer wüßte nicht, wie quälend und zermürbend der Streit unter Geschwistern sein kann. Man lese deshalb vorsichtig und gründlich, wer was zu tun hat, damit wieder Frieden einkehre. Jedenfalls habe ich meinen Teil zu leisten, auch wenn es der andere ist, der etwas gegen mich hat. Es lohnt sich, die Konflikte zu bereinigen, solange noch alles im Fluß ist, die Konsequenzen würden sonst nur immer ernster. Es ist wirklich ein sehr bewegender Text, im doppelten Sinne des Wortes.

Im roten Buch unserer Ikone sind, neben den Bewegung stiftenden Ratschlägen auch recht irritierende Worte zu finden. Erinnern Sie sich noch an die höchst eigenartigen Vergleiche, die Jesus benutzt, wenn er das Reich Gottes auf Erden schildern will? Behauptet er doch, das Reich Gottes sei wie ein Same, ein Netz, oder gar wie ein Haufen Mehl, in dem eine Frau ein Ferment versteckt hat. Haben Sie selbst schon Hefeteig zubereitet, eine Bohne in der Schwamm-büchse keimen lassen oder versucht, ein Netz zu knüpfen? Wenn nicht, dann holen Sie diese wichtigen Erfahrungen nach, um zu einer lebendigen und ganzheitlichen Vorstellung jenes Reiches zu kommen. Dieses und andere bildhaften Rätselworte finden Sie im 13. Kapitel des Matthäus-Evangeliums.

Noch einen letzten Blick auf eine andere Stelle des roten Buches, wo Jesus so zarte Worte über das Beten spricht (Matthäus 6,6):

>»Du aber geh, wenn du betest, in dein Kämmerlein und schließ deine Türe zu und bete im Verborgenen zu deinem Vater, und dein Vater, der ins Verborgene sieht, wird es dir vergelten.«

In geheimnisvoller Weise wird er es vergelten, so daß nur du es erkennst. Aber wann, wie und wo finden wir unsere innerste Kammer? Wie oft sind wir so bei uns selber, daß wir mit gutem Gewissen sagen können: Jetzt bin ich ganz und gar bei mir, jetzt habe ich mir die nötige Stille verschafft und die Türe gegen alle Ablenkungen verschlossen. Welch ein Wagnis, welch ein Geheimnis, nun ganz allein mit meinem Gott zu reden …

Jesus sucht sich seine Gebetsstille am Wasser, auf dem Hügel, im Garten. Eine Kirche war da nicht.

Ach, würde man sich dieses Stillewerden und Nahesein nur öfter gönnen!

Solche und viele, viele andere, ewige Worte sind in dem Buch, das uns diese Ikone anbietet, aufgeschrieben. Ob Sie es an einem stillen Abend öffnen und darin blättern? Wer weiß, vielleicht spricht Sie etwas unerwartet an, und wenn es nur eine einzige Zeile wäre. Greifen Sie diesen feinen Faden auf, gehen Sie an ihm entlang, denken Sie über ihn nach, nicht schwärmerisch, sondern hinterfragend. Trauen Sie sich etwas zu! Wie, Sie sind der Meinung, Ihr eigenes Wissen genüge nicht? Nicht doch: Ihr Herz weiß mehr, als Sie ahnen. Lassen Sie es nur reden. In Ihrem Wesenskern steckt der wesentliche Kern, jenes Organ, von dem wir sagten, es sei Träger des Gottesbildes und Grund der Sinnfindung. Lassen Sie die Gedanken, die aus diesem innersten Kern auftauchen, zu! Gerade zu den Worten, die im roten Buch stehen, soll man sich eigene Gedanken machen. Kommt die Zeit, da Sie genügend nachgedacht haben, möchten Sie Ihre Funde vielleicht mit einem anderen Menschen teilen, vorzugsweise mit einem, der sich seinerseits Gedanken gemacht hat. Gegenseitige Korrektur hilft der Objektivierung. Bei diesem Austausch muß eine Bedingung erfüllt sein: Verzichten Sie darauf, Ihren Gesprächspartner zu überzeugen, hören Sie ihm vielmehr aufmerksam zu. Sie verpassen sonst etwas. Seine Mitteilungen sind genau so hörenswert, wie die

Ihren und er teilt schließlich einen Teil seiner selbst mit. Profitieren Sie von diesem Angebot, Ihr Gewinn wird um so größer sein und die Gefahr, daß Sie sich in religiösen Phantasien verlieren, um so geringer. Will auf keine Weise ein ersprießliches Gespräch in Gang kommen, so halten Sie sich an die Jünger, die, die Situation würdigend, den Staub von ihren Füßen schüttelten und bescheiden ihres Weges zogen. Wirklich, man kann guten Gewissens verschiedener Auffassung sein, auch dann, wenn es um Glaubensfragen geht, ja gerade dann. Man respektiere den Glauben des anderen und vertiefe den eigenen.

Doch halt! Nun bin ich unversehens ins Belehren geraten. Ist es das Bild des belehrenden Meisters, das mich dazu verführt hat? Besser ist, Sie lesen selber im Buch, das so viel über unser Leben weiß.

Herr, zu wem sollten wir gehen?
Du hast Worte ewigen Lebens,
und wir haben geglaubt und erkannt,
daß du der Heilige Gottes bist.

Johannes 6,68

Und sie entsetzten sich über seine Lehre,
denn er lehrte gewaltig
und nicht wie die Schriftgelehrten.

Markus 1,22

Zweig aus der Wurzel Isai
und Blume aus ihr, Christus,
aus der Jungfrau bist du erblüht.
Aus dem Berge, Gepriesener,
mit dem schattenspendenden Dickicht kamst du.
Fleisch geworden aus der vom Mann nicht Berührten,
und bist doch der Immaterielle und Gott.
Ehre deiner Macht, Herr![7]

Christus,
der Hohe Priester und König der Könige

Diese Ikone (vgl. S. 80 a) überrascht uns durch die weltliche Pracht, die aus ihr spricht. Sie zeigt uns Christus in einem ungewohnten Kleid. Der Typos der Ikone des Hohen Priesters entstand im 15. Jahrhundert nach dem Fall von Konstantinopel 1453, als durch Erlaß des Sultans die orthodoxen Bischöfe zu abhängigen Volksfürsten (Ethnarchen) ernannt wurden. Sie erhielten die weltliche Gerichtsbarkeit und mehr Privilegien, waren aber auch verantwortlich für Ruhe und Ordnung im Staat. Bei Unruhen büßten die Bischöfe mit ihrem Leben. Als sichtbares Zeichen ihrer Machtfülle trugen sie Kaisermantel und Krone. Der geänderte Status der Bischöfe wird mit der Ikone »Hoher Priester« gespiegelt und besiegelt. Das Urbild des jüdischen Hohen Priesters soll ihnen begleitend sein.

Was war seine Aufgabe im Judentum? Er hatte das tägliche Opfer für seine und die Sünden des Volkes darzubringen. Als Mittler stand er zwischen Gott Jahwe und dem Volk Israel. Nur er durfte das Allerheiligste betreten. Der Hohe Priester war Vorsitzender des Hohen Rates (Sanhedrin) und besaß großen politischen Einfluß. Der Hohe Rat war zur Zeit Jesu das höchste jüdische Regierungsgremium. Am alljährlichen Versöhnungstag erbat der Hohe Priester durch sein Opfer Versöhnung für das Volk (Hebräer 9,7 und Levitikus 16,2-4). Das Amt des Hohen Priesters erlosch mit der Zerstörung des Tempels im Jahre 70 und verschwand aus der Geschichte des Judentums.

Verschiedene Stellen des Hebräerbriefes geben uns Aufschluß über Wesen und Wirken des Hohen Priesters, wie Hebräer 4,14-16:

> *»Da wir nun einen großen Hohen Priester haben, der durch die Himmel hindurch gegangen ist, Jesus, den Sohn Gottes, so lasset uns am Bekenntnis festhalten! Denn wir haben nicht einen Hohen Priester der mit unseren Schwachheiten nicht Mitgefühl haben könnte, vielmehr einen, der in allem auf gleiche Weise versucht worden ist, doch ohne Sünde. So lasset uns nun mit Zuversicht zum Thron der Gnade hinzugehen, damit wir Barmherzigkeit erlangen und Gnade finden zu rechtzeitiger Hilfe!«*

Hebräer 5,1 erläutert weiter:

> *»Denn jeder aus Menschen genommene Priester wird für Menschen eingesetzt zum Dienst vor Gott, um Gaben und Opfer für die Sünden darzubringen als einer, der für die Unwissenden und Irrenden Verständnis haben kann, da er auch selbst mit Schwachheit behaftet ist; und ihretwegen muß er, wie für das Volk, so auch für sich selber opfern um der Sünde willen. Und es nimmt sich jemand nicht selbst die Würde, sondern er erhält sie, wenn er von Gott berufen wird, gerade wie auch Aaron. So hat sich auch Christus nicht selbst für würdig gehalten, Hoherpriester zu werden, sondern der, welcher zu ihm geredet hat: ›Mein Sohn bist du, ich habe dich heute gezeugt.‹«*

Hebräer 7,3 spricht von einem Priester und König, von dem es heißt, er sei »Priester in Ewigkeit, nach der Weise des Melchisedek«, nämlich ein Priester »ohne Vater, ohne Mutter, ohne Stammbaum, der weder einen Anfang der Tage noch ein Ende des Lebens hat, vielmehr dem Sohne Gottes ähnlich gemacht ist; er bleibt Priester für immer.« Was haben wir uns vorzustellen unter einem »Priester nach der Weise des Melchisedek«? Melchisedek war Priester des Allerhöchsten; sein Titel lautet »König von Salem«. Salem ist das gleiche Wort wie Shalom. Er ist ein König des Friedens, der seinem Gegner friedenstiftend mit Brot und Salz entgegenging. Unsere Ikone würde gemäß den Texten des Hebräerbriefes über Christus als einem Priester sprechen, der wohl *in* der Welt lebt und aus den Menschen hervorgegangen, gleichzeitig aber nicht *von* dieser Welt, sondern ein ewig Seiender ist, ohne Anfang und Ende. Wie, nach orthodoxer Auffassung, die Sünde ewig und gegeben ist, ist auch der damit befaßte Priester ein ewiger: »Die östliche Theologie kennt keine eigentliche Erbsündenlehre. Die Sünde ist für sie nicht biologisch …, sondern sie ist existentiell und metaphysisch. Weil der Mensch an sich sündig ist, ist er es von Anfang an.«[1]

Daraus lerne ich: Wie und weil der Sünder und die Sünde anfangslos sind, d.h. zum Menschsein gehören, gehört auch das anfangslose Gegenprinzip, das ewig Priesterliche zum Menschen; es ist ihm eingeboren. Kraft und Gegenkraft stehen sich in der menschlichen Seele gegenüber, stets um Frieden, sprich Ausgleich bemüht. Dieses Menschenbild spricht mich an.

Welchen Eindruck vermittelt uns ein erster Blick auf das Bild? Ich spüre etwas von ungewohnter Pracht und Festlichkeit. Dann aber schleicht sich auch ein unbestimmtes Gefühl der Angst ein. Das rote Oval hat etwas Überwältigendes: Meint es Tor, Schild, Schleier oder Wunde? Der Priester, in seiner weltlichen Pracht scheint in äußerster Diskrepanz zum Jesus der Evangelien zu stehen. Von dessen Kleid und Zeichen der zwei Naturen (Mensch- Gott), ist nichts geblieben. Hier wird ein anderer Aspekt des Erlösers gezeigt: Ein weltlicher Fürst im Kleid des Zarewitsch.

Das intensive Rot des Bildes erinnert an den Märtyrermantel. Wie dem roten Oval Schriftzeichen und Feuerflammen eingeschrieben sind, so ist das fürstliche Gewand von Gold- und Silberblumen durchwirkt. Das gibt dem Ganzen etwas Schleierartiges; es ruft uns in Erinnerung, daß das Sühnewerk des Hohen Priesters »durch den Vorhang seines Leibes« geht.[2]

Wie ist dies zu verstehen? Sagt es uns, daß nur von *dem* Menschen priesterliche Kraft ausgeht, der alle Not am eigenen Leibe erfährt, der selber seinen Leidenstribut bezahlt? Und heißt dies, daß jeder mitbüßt und mitsühnt für andere, wenn er seinen Titel an Schuld trägt und sie wandelt?

Das Gesicht des Hohen Priesters ist auf unserer Ikone auffallend menschlich und nah. Sein Blick drückt ahnungsvolle Skepsis und leichte Enttäuschung aus. Das Antlitz leuchtet wie von innen heraus. Eine mehrfache, mit früchteähnlichen Edelsteinen verzierte Krone schmückt das Haupt. Sie scheint auf dem Kopf zu lasten: Würde bringt Bürde. Hinter Haupt und Krone leuchtet wie eine Sonne der goldene Nimbus auf. In ihm steht geschrieben »der Seiende«. In Krone und Nimbus sind weltliche und himmlische Macht vereinigt. Die Krone könnte die Krönung seines Lebens andeuten, wie Christus sie im Werke der Entsühnung und Versöhnung findet.

Der Priester ist immer Mitbetroffener. Durch ihn hindurch geht die Sühne und die Beziehung, die Mensch und Gott wieder versöhnt. Mit seinem individuellen Leben und Wesen bildet er das verbindende Gewebe. Hören wir eine weitere Hebräer-Stelle dazu (9,11-12):

> »Christus aber, eingetreten als Hoher Priester der künftigen Güter durch das größere und vollkommenere Zelt, das nicht mit Händen gemacht, das heißt, nicht von dieser Schöpfung ist und nicht mittels des Blutes von Böcken und Kälbern, sondern mittels seines eigenen Blutes ein für allemal in das Heiligtum hineingegangen und hat eine ewige Erlösung erlangt.«

> »Hast einst Dich ganz mit Deinem Gott entströmenden Blut umkleidet, der Du Dich hüllst ins Licht wie in ein Gewand. Ich weiß, wahrlich ich weiß mit dem Propheten, weshalb Deine Gewänder rot sind: Ich, Herr, ich, mit meinen Sünden habe Dich verwundet, doch zu Dir, dem um meinetwillen Verwundeten, rufe ich voll Dank: Halleluja!«[3]

Wir heutigen Menschen haben wohl kaum noch Verständnis für die archaischen Blutopfer; statt dessen mag es hilfreich sein, über das Opfern ganz allgemein nachzudenken. Weshalb opfert der Mensch seinen Göttern? Was erhofft er sich? Wer verlangt das Opfer?

Ich denke, daß der Mensch aus seiner Urangst, aus der Angst vor dem Überwältigenden heraus, versuchte, seine Schicksalsmächte günstig zu stimmen, sie durch Gaben geneigt und ansprechbar zu machen. Er möchte ihr unvorhersehbares Eingreifen lenken oder doch mildern. Ungezählte Opferrituale in allen Religionen belegen dies.

Doch wie sieht es mit dem Opfer in unserem Alltag aus? Sind wir noch opferbereit? Wann und in welchen Lebenssituationen opfern wir? Tun wir es freiwillig oder gezwungenermaßen? Opfern bedeutet stets Loslassen und Hingeben von Liebgewonnenem, heißt das Aufgeben von Erreichtem und Angestrebtem, meint Verzicht auf eine erhoffte Lebensmöglichkeit. Immer heißt es einen Wert aufzugeben, in welchen wir Liebe und Sorgfalt eingebracht hatten, anders wäre es kein Opfer. Ist unser Opfer auch kein blutiges, so kann es für den einzelnen doch blutig-ernst werden, wenn das Opfer so schwer ist, daß es seine Existenz berührt. Meistens sind wir erst opferbereit, wenn wir an eine Grenze stoßen und wir zu einem endgültigen Entscheid hingedrängt oder herangereift sind. Geschieht unser Opfern freiwillig, nennen wir es Hingabe an das Nicht-zu-Ändernde; sind wir zum Opfer gezwungen, erleben wir es als auferlegte Last. Gegen unrechtmäßiges oder nicht verstandenes Opfer legen wir Protest ein; ja, Protest kann die Kehrseite des Opfers sein.

Der Hohe Priester opfert sich freiwillig, er gibt sich mit Leib und Leben hin. Brechen des Leibes, nennen wir Christi Opfertod. In unserem eigenen Leben kann es den Zusammenbruch all dessen bedeuten, was wir bis dahin waren. Wie aber Jesus am Kreuz über sich selbst hinauswächst und sich durch seine Hingabe zum Christus wandelt, so haben auch wir, wenn Gott es will, und falls es uns gelingt, das von uns geforderte große Opfer zu bringen, die Möglichkeit der Reifung und Wandlung.

Echte Opfer wählen wir nie selbst; sie werden uns vom Schicksal auferlegt. Allzu opferfreudige Menschen erregen Skepsis. Ihre anscheinende Opferbereitschaft kann auch die Kehrseite ihres Machtanspruchs sein. Sie opfern sich für einen anderen, um zu gegebener Zeit von ihm ein Opfer zu fordern. Ebenso mißtrauisch bin ich, wo ein Mensch einen anderen zum Opfern veranlaßt, statt selber den Verzicht zu leisten, der die eigene Weiterentwicklung fördern würde. Gleichzeitig sind mir auch jene problematisch, die sich stets ein »Opfer« suchen, für das oder den sie sich opfern können, um nur ja nicht den eigenen, schweren Weg aufnehmen zu müssen. Sie laden die Schuld für ihr versäumtes Leben dem Opfer auf und stempeln dieses zum Sündenbock.

Opfern heißt Leiden wie an einer blutenden Wunde; es ist eine Form des Tributes an das Leben.

»Niemand kann am Opfern teilhaben, es sei, er habe zuvor sich selber als Opfer dargeboten« (Gregor von Nazianz).[4]

»… jeder trägt sein eigenes Opfertier in sich selbst und legt selbst das Feuer an den Altar…« (Origenes).[5]

»Der Opferer ist immer auch der Geopferte«[6], und »nur der verwundete Arzt kann heilen«[7].

Wahrhaft tröstlich klingt dann der Satz: »Was das Heil anbetrifft, so wird jeder zu seinem eigenen Priester.«[8] Als innere Figur kann der sühnende Hohe Priester ein Aspekt des Selbst, eine Kraft in uns sein, die sich des Schattenhaften, Verdrängten, Dunklen annimmt; die uns treibt, unsere Unvereinbarkeiten und Fehlgänge zu erkennen, an ihnen zu leiden und, indem wir sie zu verarbeiten trachten, sie schließlich zu überwinden. Aber: Folgen wir bei dieser Bemühung dem Urbild des Versöhners? Orientieren wir uns an ihm beim Umgang mit unseren Schattenseiten und den Fragwürdigkeiten unseres Wesens und Tuns? Nehmen wir wie Er, die Schuld auf uns? Verhalten wir uns nicht eher wie solche, die ihre Fehler lieber einem anderen zuschieben, dem ewigen Sündenbock? Suchen wir nicht stets einen Schuldigen, dem wir, bequem, unsere eigene Schuld aufbürden, weil wir sie nicht zu tragen vermögen, sie nicht tragen wollen? Immer wieder lasten wir die Schuld Vätern, Müttern, Partnern, Vorgesetzten, Behörden oder wem auch immer an, statt uns selbst ernsthaft mit dem Fehler, als dem höchst eigenen zu befassen. Wir selber sollen an unseren Fehlern leiden, durch sie hindurchgehen, wie der Hohe Priester durch den »Vorhang seines Leibes«, das »Kleid seines Blutes«. Nur so werden wir lebensvolle und vollblütige Menschen.

Ein Wort noch zum Sündenbock. Genau besehen bezog sich ursprünglich darauf ein sinnvolles Ritual. Es oblag dem Hohen Priester am Versöhnungstage durch Handauflegen die Sünden dem Sündenbock zu übertragen, also mit der gleichen Geste, mit der Er Gnade und Segen spendete. Dadurch erfuhr die Sünde, als die immerseiende und ewig zum Menschen gehörige, gewissermaßen eine Heiligung. Von ihrem steten Vorhandensein wurde achtungsvoll Notiz genommen, sie blieb dunkle Begleiterin des erhofften, ewigen Lichtes. Der Sündenbock trug, nach damaliger Vorstellung, die Sündenlast in die Wüste hinaus, zurück zu Asasel, einem Wüstendämon. Das Böse wurde nicht unterschlagen, ihm wurde in aller Form sein Platz in der Einöde zugewiesen. Zwar besagt dies nichts über die Verarbeitung und Lösung unserer Missetaten, aber das Ritual räumt dem Schwierigen, Schattenhaften, Dämonischen einen Raum ein; wir dürfen hoffen, daß die dämonischen Kräfte für eine Weile bei ihrem eigenen Meister gebunden sind. Ich möchte noch daran erinnern, daß ein Vergehen, das mit dem Wort »Sünde« bezeichnet wird, ein Vergehen ist, das man vor Gott begeht. Sünde in ihrem tiefsten Sinne untersteht nicht menschlichem Urteil, sondern da stehen wir vor einem »Hohen Rat«, sei dieser nun Gott, oder sei dies das eigene, ruhelose Gewissen, durch welches ein inneres Gottesbild, ein innerer Priester zu uns spricht, uns mahnt, uns beurteilt und vielleicht uns auch straft.

Der Hohe Priester steht zwischen Mensch und Gott. Durch ihn hindurch geht die Sündenverarbeitung: Bildlich gesprochen, wird er zum Gewebe, das sich zwischen Mensch und Gott bildet, so wie es unsere Ikone darzustellen versucht mit dem Gold-durchwirkten Kleid und Vorhang. Wie der Hebräerbrief es beschreibt, ist dieser Priester aus den Menschen genommen, ist ihnen gleich. Nur durch diese Teilhabe am Menschlichen kann Er Verständnis und Versöhnung wirken. Warum nur spricht die Theologie Ihm jede Sünde ab? Wäre Er uns nicht eben gerade besonders nahe und tröstlich, wenn man auch ihm, als wahrem Menschen, einen Makel zubilligen würde?

»Man kann zwar auf die unverdiente Gnade Gottes, der unsere Gebete erhört, hoffen. Aber Gott, der unsere Gebete *nicht* erhört, will auch Mensch werden und dazu hat er sich durch den Heiligen Geist den kreatürlichen Menschen mit dessen Dunkelheit ausersehen; den natürlichen Menschen, den die Erbsünde befleckt, und den die gefallenen Engel die göttlichen Wissenschaften und Künste gelehrt haben. Der schuldige Mensch ist geeignet und darum ausersehen, zur Geburtsstätte der fortschreitenden Inkarnation zu werden, nicht der unschuldige, der sich der Welt vorenthält und den Tribut ans Leben verweigert, denn in diesem fände der dunkle Gott keinen Raum.«[9]

Als weltlicher und geistiger Führer in einem, weiß der Hohe Priester die Pole zusammenzubringen. Wie Christus in seiner Person die Pole Mensch-Gott vereinen muß, so stehen auch wir, diesem christlichen Menschenbild verpflichtet, stets in der Gegensatzspannung unseres, des menschlichen Wesens. Beide Pole, beide Gegensätze, wie immer sie geartet sein mögen, gehören zu uns, und beiden müssen wir gerecht werden. Aus der Vereinigung beider, kann als Lösung oder Versöhnung eine dritte Kraft aus uns aufsteigen, die wir als Sinnfindung oder als bewegende religiöse Erfahrung erleben.

Jesus Christus als Symbol des Archetypus des Selbst, als Bildnis Gottes in unserer Seele? Und der Hohe Priester als eine »Kraft unzerstörbaren Lebens« in uns? Ein anfangloser und nie weichender

Betreuer ewig-menschlicher Not? Es spricht das priesterliche Element aus jeder menschlichen Seele, wenn sie ihre eigene Menschlichkeit erreicht hat. Der innere Priester ist »mit Schwachheit behaftet«, aber »von Gott berufen«.

Obwohl der Hohe Priester in der Not waltet, wird Er auf unserer Ikone in festlichem Gewand dargestellt und es liegt nahe, das Gebet zu nennen, das ein orthodoxer Priester bei seiner Einkleidung zum Gottesdienst spricht:

> *»Meine Seele freue sich im Herzen, denn Er hat mich mit dem Gewand des Heils bekleidet und mich mit dem Kleid der Freude bedeckt. Wie einem Bräutigam hat Er meine Stirn mit einer Krone umgeben, und wie eine Braut hat Er mich mit Schönheit geziert.«*[10]

Nach diesem langen Gedankengang blicken wir wieder auf das Bild, das uns durch seine feurig-rot-orange Farbe so besonders beeindruckt. Rot-orange entsteht wenn rot und gelb sich mischen. Es bezeichnet die gegenseitige Durchdringung zweier Welten in der Natur des Hohen Priesters. Das Feuer-enthaltende Rot symbolisiert auch die verglühende Materie und den Menschen, der sich für andere verzehrt. Weihrauch ist ein weiteres Symbol für den sich opfernden Menschen, so wie die Rose, die sich in ihrem Duft verströmt. Doch, welch ein Opfer! Aus seiner Leibesmitte steigt ein, oben im fruchttragenden Kreuzstab endendes, königliches Szepter auf. Szepter und Kreuz treffen und verbinden sich in einer zarten, aber unverbrüchlichen Berührung. Die Gegensätze Welt und Geist, Macht und Dienst sind durch einen Ring verbunden. Dieser formt ein Oval und umschließt, wenn ich es so ausdrücken darf, ein Stückchen »Niemandsland« zwischen den Welten. Ein kleiner Ort des kostbaren Geheimnisses. Das Szepter kreuzt sich mit einem Schwert, das überraschenderweise auf der Schulter des Priesters liegt. Es weist in gerader Linie auf dessen Mund hin. Es erinnert uns an die schneidenden Worte Jesu: »Ich bin nicht gekommen, Frieden zu bringen, sondern das Schwert« (Matthäus 10,34). Der Griff des Schwertes ist kreuzförmig; unter diesem Zeichen also wird der Hohe Priester den nötigen Richtspruch fällen. Er tut dies als ein Mitbetroffener, als einer, der das ihm zugewiesene Kreuz auf sich genommen hat und der nun die Sünde der Welt er-trägt. An ihm scheiden sich die Geister und finden dadurch Klarheit und Orientierung. Schwert, Szepter, Kreuz sind, entsprechend ihrer ewigen Gültigkeit, golden.

Der in den vier Ecken sichtbare, ungewöhnlich schwarze Bildträger befremdet, strahlt er üblicherweise doch in goldenem oder hellem Glanz. Unruhige Bedrohung geht von ihm aus. Wie sollen wir dieses Dunkel verstehen? Meint es das Unerklärliche? Oder steht das Schwarze für die verderbte Menschheit? Ist es durch ihre Sündhaftigkeit entstanden? Stehen wir selber in dieser Verdunkelung, umwölkt und eingehüllt in hoffnungslose Lichtleere? Meint es die Verfinsterung des Himmels, die Trauer Gottes? Die Gottesfinsternis, vor welcher der Hohe Priester uns beschützen will? Die zuckenden Linien im Dunkel scheinen energetische Ladungen anzudeuten. Wie sehr wünschte man sich an ihrer Stelle die vertrauteren Evangelisten-Symbole und deren greifbarere Aussage. Der Standort des Hohen Priesters zwischen Gott und Mensch ist ein gefährlicher und wahrlich ambivalenter. Bei der Kreuzigung Jesu zerreißt er, überfordert von seiner leidvollen Aufgabe, sein Gewand. Ein Text, der oft im aufgeschlagenen Buch des Erlösers zu lesen ist, lautet:

> *»Das gebiete ich euch, daß ihr euch untereinander liebt. So euch die Welt haßt, so wisset, daß sie mich vor euch gehaßt hat.«*
>
> Johannes 15,17–18

Wissen wir das? Ging dieses Wissen nicht verloren? Wurde der Gestalt Christi nicht eben dieser Aspekt genommen, indem man ihn zum lieben, aber blutleeren Heiland verkümmern ließ?

Unsere Ikone zeichnet Christus nicht im weißen Gewande, sondern »er war angetan mit einem Kleide, das in Blut getaucht war, und sein Name heißt Logos, Wort Gottes…« (Offenbarung 19,13).

> *»Und aus seinem Munde geht ein scharfes Schwert hervor, daß er die Heiden damit schlage, und er wird sie mit eisernem Stabe weiden, und er tritt die Kelter des Zornweins des Grimmes des allmächtigen Gottes. Und er trägt am Kleid, und zwar an seiner Hüfte, den Namen geschrieben: König der Könige und Herr der Herren.«*
>
> Offenbarung 19,15/16)

An der Hüfte trägt Er seinen Namen? Sollen wir an den Kampf Jakobs mit dem Engel erinnert werden?

Das Brot brach Er mit seinen Händen,
symbolisch für das Opfer seines Körpers.
Den Kelch mischte Er mit seinen eigenen Händen,
symbolisch für das Opfer seines Blutes.
Er opferte und brachte sich selber dar,
der Priester unserer Entsühnung.[11]

Empfangen hast Du wahrhaft priesterliche Macht nach der Ordnung des Melchisedek.
Als Hoher Priester in Ewigkeit, Gebieter und Allherr, standest Du vor dem außerhalb des Gesetzes stehenden Oberpriester Kaiphas. Der Du von Deinen Knechten Martern empfingst, empfange von uns nun dies:

Jesus, kostbarer Du als alles Gut und Geld, jedoch um
Geld verkauft,
erkauf mich für Dein ewiges Erbteil.
Jesus, Du Verlangen aller, jedoch von Petrus aus Furcht
verleugnet,
verleugne mich Sünder nicht.
Jesus, Du argloses Lamm, von grimmigen Ebern zerrissen,
errette mich von meinen Feinden.
Jesus, Du Hoher Priester, durch Dein eigen Blut ins
Allerheiligste eingegangen,
reinige mich von den fleischlichen Makeln.
Jesus, der Du gebunden wurdest und doch die Macht zu
binden und zu lösen hast,
löse die drückenden Fesseln meiner Sünden.
Jesus, Sohn Gottes, gedenke unser,
wenn Du in Dein Reich kommst![12]

Theotokion:

Der Gottesgebärerin wollen wir Gläubige
uns nun nahen
und ihren Schleier auf uns herabziehen,
ihr Lob verkündend in Hymnen, wie's sich gebührt.
Denn ihr Schutz kommt über alle Gläubigen
und hüllt sie ein;
er schirmt vor mannigfachen Gefahren jene, die rufen:
Freue dich helleuchtender Schutz!

Kontakion am 1. Oktober[13]

Christus auf dem Thron

WIRKENDE KRAFT UND BERGENDER SCHOSS

Bei dieser Ikone (vgl. S. 88 a) werde ich über den Thron Christi nachdenken. Schon von Kindheit an sind wir gewohnt, uns Könige, Herrscher und Gottheiten auf einem Thron vorzustellen. Ja, der Thron ist geradezu Symbol des Würdenträgers und seiner Allmacht. Aber denken wir je darüber nach, was in diesem tatsächlich gewaltigen Symbol an geheimnisvollem Sinn verborgen liegt? Wie kam es zu diesem würdevollen Ehrensitz? Wo und wie beginnen die archaischen Vorstellungen, die zu einem (gedachten) Sitz der Gottheit geführt haben? Und wie kam es, daß auch Jesus Christus zu einem Thronenden wurde, Er, der solche Erhöhung stets von sich wies?

Zu Zeiten Jesu und lange vor ihm finden sich im ganzen vorderen Orient – und nicht nur dort – vielfältige Vorstellungen über den Weltenbeginn. Sie reichen zurück bis zu den frühesten Kosmologien. Viele dieser Vorstellungen kreisen um die Idee eines Urhügels, der entweder einfach da ist, oder aber sich langsam aufgebaut hat. Man dachte sich auch einen Stein, der an heiligem Ort lag, oder unerwartet vom Himmel fiel. Schon immer wurden Steine und Felsen wegen ihrer geballten Kraftausstrahlung und ihrem zeitlosen Sein verehrt. Beide Vorstellungen, Urhügel und Anfangsstein, weisen auf erste Kristallisationspunkte im gestaltlosen Urchaos hin. In der noch ungeformten Welt bedeuten sie erste Abgrenzungen gegen das Grenzenlose und werden, kleinen Bewußtseinsinseln ähnlich, zu festen Orten, die Ansiedlung, Aufbau von Leben und Kultur ermöglichen. Die Schöpfung beginnt. Eine dem Sinn nach parallele, aber poetischere Annahme war, der Wind habe auf den Urwassern Schilfhalme zu einer kleinen Insel zusammengetrieben und auf dieser habe sich ein

Vogelei gefunden: sozusagen ein erster Lebenskeim, dem eine Gottheit entstieg. Hügel und Berge wurden als heilige Orte verehrt. Nicht
nur ihre Höhe galt als heilig; es war auch das Berginnere, die Höhle,
die Geheimnisvolles barg. Daß Bergspitzen und Hügelkuppen die
Phantasie des frühen Menschen beflügelten, ist verständlich; denn
dort, wo Himmel und Erde sich berührten, mußte Wesentliches
geschehen. Jeder Bergsteiger kann dies nachempfinden. Denn er
kennt das Erlebnis der Gottesnähe, der stillen Heiligkeit, der Begegnung mit dem Grenzenlosen, wenn er nach mühseligem Aufstieg
endlich die einsame Bergeshöhe erklommen hat.

Nach gewissen frühen Vorstellungen öffnete sich der Himmel an
der Stelle, wo der Berg ihn berührte. Dort konnte eine Gottheit
herniedersteigen und dort, auf dem Berge, dachte man sich die
Gottheit als wohnend oder thronend. Auch Gott Jahwe war als auf
einem Berge, dem Berge Zion, thronend gedacht. Verschiedene
Berge wurden zu zentralen Heiligtümern. Um sie rankten sich ungezählte Mythen und Legenden, die sich alle mit dem Weltenanfang
befassen, der bei einem solchen Heiligtum seinen Ausgang genommen
haben mußte. Golgatha, Jerusalem, Zion wurden zu diesen Heiligtümern gezählt.

Ich befasse mich mit einigen Vorstellungen, die sie sich insbesondere um Golgatha und Jerusalem rankten: nur eine kleine Auswahl
aus der Fülle, die stichwortartig den Sinnreichtum des göttlichen
Thrones und des Ortes, an welchem man ihn vermutete, belegen soll.
Der Leser ist gebeten, die hier folgenden Angaben nicht als eine
historisch-chronologische Abfolge zu verstehen, sondern vielmehr als
eine Reihe von Anschauungen, die sich frühe Menschen über den
Sitz der Gottheit machten. Es sind bildhafte Vorstellungen, die sich
im Laufe der Jahrtausende um den Thron Gottes gereiht haben, ja,
diesen mit ihrem Vorstellungs-Reichtum recht eigentlich konstituie-
ren und die, wie ich meine, auch beim Throne des Allherrschers auf
unserer Ikone mit in Betracht gezogen werden müssen.

Betrachten wir das Bild, so stellen wir fest, daß der Thron aus vielen Bausteinen gemauert ist. Sind die Steine auch nur schwach sichtbar, so erweckt das Ganze doch den Eindruck eines Bauwerkes, einer Stadtmauer oder einer Umfriedung.

Der Leser möge sich kurz vorstellen, auf jedem Baustein sei ein besonderes Element genannt, das zum köstlichen Bauwerk beiträgt; er kann aber auch, so wie ich es vorziehe, das archaischere Bild des Nestbaues, der Schilfinsel, des Gewebes wählen: Ein »Thron« entsteht, der aus ungezählten Halmen und Fasern kunstvoll gewirkt, zum tragenden Geflecht für den Lebenskeim und Weltenbeginn wird.

Die frühen Vorstellungen[1] verlangen von uns ein Stück echter Kontemplation im Sinne der Zusammenschau vieler Spuren des Irdischen und des Himmlischen, des Naturnahen und des Erhabenen. Ich benenne nun Vorstellungen, die sich um den Anfangsstein und den mit diesem zusammenhängenden Thron bildeten:

- Golgatha ist der Ur-Hügel. Dort findet Gott eine Handvoll Sand, aus dem Er Adam schafft. Golgatha ist Wohnort Adams. Dort ist er geboren und gestorben. Golgatha ist Ort der Kreuzigung Christi. Das Kreuz wird auf dem Schädel Adams errichtet.

- Hügel, Bergkuppen, Bergspitzen sind heilige Orte. Golgatha ist ein solcher heiliger Ort.
  Berge werden nicht nur wegen ihrer Höhe verehrt, sondern auch wegen des geheimnisvollen Berginnern, der mütterlich-bergenden Höhle. Was birgt sich gerade dort?

- Der Berg ist die Spitze der Erde. Die Spitze berührt den Himmel, das Himmelsgewölbe. Dort kann Gott erscheinen. Oder Er wohnt und thront an dieser Stelle. Jahwe thront auf dem Berge Zion.

- Am Berührungspunkt zwischen Himmel und Erde befindet sich eine Öffnung; sie gewährt Zugang zum Himmel und Eingang in das Erd- und Weltinnere. Die Öffnung ist eine Spalte im Fels. Die Felsspalte ist kreuzförmig, in sie wird der Sarg Adams gelegt.

- Die Felsspalte ist oben auf dem Berg. Wer dort horcht, hört die

Unterweltswasser rauschen, die verborgenen Lebensströme. An diesen Strömen sitzen die Weberinnen, die den Paradiesesbewohnern Kleider weben für den Tag der Auferstehung.

– Im Berginnern ist die köstliche Feuchtigkeit, die, wo sie zutage tritt, Vegetation und Fruchtbarkeit mit sich bringt.
Regen, wenn er fällt, erreicht zuerst die Bergesspitze. Naß vom Himmel und erdinnere Quellen bringen die lebensnotwendigen und lebenbewirkenden Wasser mit sich: Die Wasser des Lebens.

– An der Nahtstelle zwischen Himmel und Erde liegt ein Verschluß-Stein. Er schließt gegen die gleichermaßen Leben wie Bedrohung bedeutenden innerweltlichen Gewässer ab. Dieser ist der heilige Fels. Um diesen einen und heiligen Felsen zentrieren sich alle Vorstellungen. Immer mehr ballen sich Phantasien und Erwartungen rund um diesen besonderen Stein. Er wird zur Mitte der Erde, zum Nabel der Welt (Omphalos), zum Schöpfungs-Stein, von dem alles Leben ausgeht. Hier dachte man sich auch den Altar Melchisedeks, des Priesters ohne Anfang und Ende, und den Opferaltar Abrahams.

– Bei dieser Weltenmitte treffen sich die vier Erdquadranten:
»… denn als Gott die Erde schuf, da lief seine Kraft vor ihm her und die Erde lief ihr von vier Seiten wie Winde und leises Wehen nach; und dort (am Erdmittelpunkt) blieb seine Kraft stehen und kam zur Ruhe und dort vereinigten sich die vier Enden der Welt…«[2]

– Mit dem zentralen, heiligen Felsen werden schließlich folgende Steine in eins gesehen oder versammeln auf sich die gleiche Bedeutung:
Der Malstein Jakobs, den er errichtete nach seinem Traum von der Himmelsleiter (Haus Bethel);
der Opferstein, auf dem die unblutige Opferung Isaaks stattfand (Opferaltar);
der einzelne, nicht behauene, oder nicht durchbohrte Stein, der

unversehens vom Himmel fällt (vergleiche dazu auch den Ikonen-
typus »Gottesmutter losgerissener Stein«);

der Stein, den man sich vor, unter oder in der Bundeslade dachte;
auch der Fels, der Petrus sein soll, muß in diesem Zusammenhang
verstanden werden. Er war als Gründungsstein für das neue Reich
Gottes auf Erden gemeint. Fels/Stein = kepa, petra ist weiblich.
- Der Fels liegt im Zentrum des Tempels zu Jerusalem. Er hat seit
  grauer Vorzeit bis heute seine Heiligkeit behalten.
  Bundeslade, heiliger Stein und Opferaltar werden identisch. Die
  Bundeslade ist als Gefäß gedacht. Sie ist weiblich wie die Mutter
  Erde, wie die Höhle des Berginnern. Wie im Berginnern, liegt
  auch in der Lade ein Geheimnis. Wie Gott einst auf dem Berg
  thronte, thront Er nun unsichtbar auf der Lade, Er »ruht« auf ihr.
- Durch die numinose Vereinigung Gottes mit der Lade entsteht
  kultische Freude[3], Lebensfreude. Vor der Lade wird getanzt und
  musiziert. Die Lade mit dem unsichtbar anwesenden Gott wird
  zum Thron und schöpferischen Ursprungsraum, zum Ort des Lebens. Hier ist der Lebensquell. Alles wird neu. Geheimnis der
  Zusammenfügung. Vor der Lade stehen Krug und Aaronstab.

Joachim Jeremias schreibt[4] zusammenfassend: »Der Felsen an der
heiligsten Stätte des Judentums vertrat mithin die Stelle des ver-
schwundenen heiligen Thronsitzes Jahwes… Dieser heilige Felsen …
galt dem Spätjudentum als die Mitte der Erde, Palästinas, Jerusalems,
des Tempelplatzes und des Tempelhauses. Darum heißt er auch der
Nabel der Erde. Dieser Ausdruck bezeichnet aber außer der zentralen
Lage zugleich den Ausgangspunkt der Entwicklung, das Ernährungs-
zentrum und die Höchstlage.«

Hier ist zu erwähnen, daß auch der orthodoxe Kirchenbau seinen
Ausgangspunkt beim »Stein« nimmt und zwar bei dem Altarstein, den
Jakob errichtet hatte und der in den christlichen Vorstellungen zum
»unblutigen Opfertisch« des neuen Bundes wurde.[5]

Abrundend zitiere ich Wilhelm Nyssen[6], der sich auf die Liturgie-erklärung des Symeon von Thessaloniki aus dem 15. Jahrhundert[7] bezieht: »Hinter der Bilderwand steht meist der quadratische Altar aus Stein, weil er, wie Symeon von Thessaloniki sagt, Christus darstellt, der der Fels ist, unsere Grundfeste und der Eckstein, und weil ein Fels einst diesen Tisch abbildete, nämlich der Fels, der damals Israel tränkte. Jetzt aber tränkt er uns, das neue Israel, nicht indem er Wasser fließen läßt, sondern das Blut des Logos, und dabei Fluten des ewigen Lebens gewährt.«

Da wir eine russische Ikone vor uns haben, kann ich der Verlockung nicht widerstehen, auch einige volkstümliche ostslawische Vorstel-lungen anzufügen, die sich ebenfalls mit dem heiligen Stein und Thronsitz befassen. In die naturnahen religiösen Vorstellungen der Ostslawen sind offensichtlich morgenländische und christliche Ele-mente eingesickert; sie sind dort mit dem Ursprünglichen eine oft höchst poetische Symbiose eingegangen. Diese Auffassungen zeigen, wie das Bild des heiligen Steines und Thronsitzes vom slawischen Volksglauben assimiliert wurde.

Im Glauben der Ostslawen treffen wir auf die Vorstellung eines weißen Steines »Alatyr«. Dieser liegt mitten im blauen Meere »Oke-an«. Er glüht, oder leuchtet weiß. Sein Ort liegt im Osten, in der Nähe des Paradieses. Er scheint ein Anfangsstein im grenzenlosen Urmeer zu sein, oder im Urstrom, der die Welt umfließt. Er wird in Varianten beschrieben:

»Auf der östlichen Seite ist das blaue Meer; auf dem Felsen sitzt der Herr Jesus selbst, Michael der Erzengel und Erzengel Gabriel.«[8]

»Auf dem Meere, auf der Insel liegt ein weißer Stein, auf diesem Steine steht eine heilige Kirche, in dieser Kirche spinnt die Mutter Gottes mit zwei Schwestern und wirkt den seidenen Flachs.«[9]

»Auf dem blauen Meere liegt ein weißer, brennender Stein. Auf diesem Stein steht der Thron Gottes; auf diesem Throne sitzt die

heilige Mutter, die reine Gottesgebärerin, sie bittet und fleht unermüdlich zum Herrn Jesus Christus für uns Sünder...«[10]

Nach anderen Varianten sitzen nicht christliche Gestalten auf dem weißen Stein, sondern beispielsweise ein Vogel, oder drei Spinnerinnen, oder gar ein schönes junges Mädchen mit goldenem Kamm und goldener Nadel.

In jedem Falle birgt der Stein ein Wunder.

Man vermutet, der Name »Alatyr« sei das selbe Wort wie Altar. Ähnlichkeiten mit den morgenländischen Vorstellungen zeigen sich bei den ostslawischen Anschauungen auch in bezug auf die Begegnung zwischen Himmel und Erde. Die Erde ist den Slawen heilig. Sie wird als »Mutter feuchte Erde« verehrt und der Alatyrstein als »Mutter aller Steine«.[11] In ihrem feuchten Inneren birgt die Erde die kostbare Fruchtbarkeit, wie wir dies eingangs im Zusammenhang mit dem Felsen dargelegt haben. Alles Leben ist in der Erde enthalten. Zu gegebener Zeit entläßt sie dieses Lebendige in Gestalt von Gräsern, Blumen, Früchten aus ihrem fruchtbaren Schoß. Geschwängert wird sie von der Sonne, dem Götterjüngling, der mit den zarten Fingern der frühmorgendlichen Sonnenstrahlen liebevoll über die Fluren streicht.

Dieser kleine Exkurs in eine andere Gedanken- und Glaubenswelt möge zeigen, daß die Vorstellung einer thronenden Gottheit zu den tief verwurzelten Bildern der menschlichen Seele gehört. Nicht theologisch-philosophische Postulate bilden den Thron unseres Herrn, sondern tausendjährige Erfahrungen des Menschen an der Natur und an seinem eigenen Leben. Alles ist natürlich an diesem Thron und ebenso natürlich ist es, daß Jesus Christus, ein Herr über Leben und Tod von einem solchen Throne aus sein Reich leitet.

Wir sahen: Ein Thron wird nicht allein durch seinen erhöhten Standort zum Thron, sondern durch das Unbeschreibliche, Unnennbare, das bald als Geheimnis in ihm, bald als erahnte Gottheit auf ihm ruht. Immer ist mit dem Thron die Vorstellung und Gewißheit von neuem Leben und Lebensbeginn verbunden.

Es gibt Ikonen, auf denen die göttliche Gestalt auf dem Thron fehlt. Es ist das Bild der Thronbereitung (Hetoimasia), das einen brennend roten Sitz oder Tisch zeigt, auf welchem die Anwesenheit Gottes nur durch Buch und Leidenswerkzeuge symbolisiert wird.

Der Thron gilt als kosmisches Zentrum und als fester Punkt, um den sich die Welt dreht. Wegen seiner geheimen Fruchtbarkeit ist er Zeichen der Fülle aller Möglichkeiten; Gott und Mensch verbindend wie in einem mütterlichen Schoß.

Gefragt sei nun doch auch, was denn unser eigener »Thronsitz« sei? Worauf ruhen und basieren wir? Bauen nicht auch wir unsere persönliche Existenz auf einem Geflecht von Herkunftsgegebenheiten und Lebenserfahrungen auf? Sammeln wir nicht Stein um Stein und fügen das Ganze zu einem tragenden Fundament? Horten wir nicht geistige und andere Güter, die uns lebensnotwendig sind und von denen wir uns Sicherheit erhoffen? Auch in bezug auf unsere Beziehungen könnte es sich lohnen, über das Bild des Thrones nachzusinnen: Durch wen oder was fühle ich mich getragen? Falle ich jemandem zur Last, oder habe ich mir selbst einen Menschen aufgebürdet? Ruhe ich in mir selber, oder ruht einer im anderen? Wie verbinde ich alles, was ich im Kopf ersinne mit dem festen Boden der Praxis? Wie stelle ich es an, daß aus Gegensätzen eine kreative Vereinigung entsteht, wie sie uns im Thron vorgebildet ist?

Der Thron gäbe Anlaß zu weiteren ungezählten Fragen.

Wir wenden uns nun wieder der vorliegenden Ikone zu:

Der Thron umgibt den Thronenden wie eine Mauer. Festgefügt steht er da. Seine braun-rote Farbe erinnert an ein Backsteinwerk. Es ist ein irdener und irdischer Thron. Er läßt mich an den schützenden Schoß der Mutter Kirche denken und an den Tempel, in welchem

Jesus seine Zuhörer belehrte. Der Thronsitz wird von einem grünen Bogen umrahmt, der unsere Augen auf das offene Buch lenkt. Er könnte eine Erinnerung an die Textstelle Offenbarung 4,3 verbildlichen: »... und ein Regenbogen war rings um den Thron, seinem Aussehen nach gleich einem Smaragd.« Der Regenbogen gilt als Zeichen der Versöhnung. In seinem frisch- grünen Schwung sehe ich auch den Ausdruck göttlicher Inspiration und des Wirkens des Geistes: Vom aufgeschlagenen Buch des Lebens wird Erneuerung und Erquickung ausgehen.

Theologisch basiert die Vorstellung eines Thronsitzes auf der Idee des endzeitlichen Richterstuhls Christi. Der Thron, mit oder ohne Thronenden, bedeutet die Anwesenheit des erhöhten Christus als Weltenrichter nach vollzogenem Gericht.[12] Der versöhnende Regenbogen macht an dieser Stelle also Sinn.

Wie zu sehen ist, steht der Thronsitz auf dem grünen Boden der Schöpfung, dem runenähnliche Zeichen eingeschrieben sind.

Die Gestalt des Allherrschers zeigt seine zwei Naturen. Der Oberkörper wirkt beinahe fragil gegenüber der mächtigen, unteren Körperhälfte. Unbewegt, voll strenger Gelassenheit überragt der feine Kopf den irdischen Rahmen und stößt in das ewige Licht vor, Recht sprechend und Gerechtigkeit anmahnend:

> »... so wird der Thron durch Güte befestigt sein und auf ihm wird im Zelte Davids unwandelbar ein Richter sitzen, der nach dem Rechte trachtet und sich der Gerechtigkeit befleißt.«
>
> Jesaja 16,5

Der herzförmige Schoß des Allherrschers erweist sich als ein überraschend breit ausladender, mütterlicher Schoß. Gebirge und Täler bilden sich durch die kraftvollen Bahnen und Falten, die Gestalt und Gewand durchziehen. Sie zwingen unsere Augen, in ihre Geheimnisse, ihre Tiefen und Höhen zu folgen. Abgründe sind zu entdecken, Kraftströme reißen uns mit, Lichter glänzen auf, Zeichen schnellen hoch. Strahlt das Haupt Erleuchtung aus, so der Schoß Turbulenzen. Wir werden lebhaft an das Auf und Ab des Lebens, an die hellen und dunklen Schätze der Erde, des Kosmos insgesamt erinnert. Eine spitze, zielgerichtete Gewandfalte (rechts) scheint den sich entfaltenden Logos zu versinnbilden, der das treffende Wort zu der Welt spricht. Diese machtvolle Falte findet sich auf vielen Ikonen und wird bei der priesterlichen Kleidung durch das »Epigonation« dargestellt, einen Stoff-Rhombus, der das Seitenschwert symbolisiert.

Grün und Rot sind die Farben der Thronkissen, die, als Komplementärfarben, auf die Ergänzung der Gegensätze Natur und Geist hinweisen.

Als wolle er die Wärme der Erde spüren, stützt sich der Herrscher barfüßig auf die scheinbar quer zu allem liegende Fußplatte; sie soll Bild der Erde sein, »Schemel seiner Füße«, während der Himmel seinen Thron bildet. Die viereckige Platte wird unterschiedlich interpretiert, so z.B. auch als überwundenes Höllentor, als verworfener Stein oder Schluß-Stein des Himmelsgewölbes.

Folgen wir noch einmal dem überirdischen Licht der Gewandfalten: Wir bemerken in der Leibesmitte eine geheimnisvolle Leiter. Sie steigt auf vom Leiblich-Kreatürlichen zum Geistig-Erhabenen und zur segnenden Hand hin. Sie kennzeichnet Christus als geistige Leiter, die, zu unseren Gunsten, die Erde mit dem Himmel verbindet. Vielleicht gibt sie uns zu verstehen, daß auch in uns, abgesehen von aller Belehrung und ohne unsere Planung, eine Tendenz, eine Sehnsucht aufsteigt, die uns veranlaßt, nach dem Transzendenten zu suchen. Auf der Ikone »Gottesmutter vom unverbrennbaren Dornbusch« – einem rosenförmigen Bild – steigt aus dem mütterlichen Herzen eine Leiter empor, die Christus, den Hohen Priester, trägt. Er symbolisiert dort das priesterliche Element, das sich in einem Menschen entwickelt, der die Feuerprobe, sprich Wandlung besteht.[13]

Die segnende Hand ist von warmem Licht und Lebenswärme erfüllt. Unterhalb des Buches schnellen Lichtreflexe wie kleine Pfeile zum Buch hin und rücken dieses so betont in unser Blickfeld. Im Buch stehen die Worte: »Kommet her zu mir alle, die ihr mühselig und beladen seid ...« (Matthäus 11,28)

Wenn ich den so überaus belebten und vermutlich fruchtbaren Schoß des Allherrschers betrachte, kommen mir Fragen über das Oben und Unten dieser Gestalt. Es will mir scheinen, Haupt und Oberkörper wachsen aus dem gebirgigen Schoß hervor, in ihrem Drang nach Licht den Fels brechend. Oder soll ich es umgekehrt sehen: Senkt sich das geistige Prinzip, die geistige Befruchtung von oben herunter in die Irrungen und Wirrungen des irdischen Daseins? Aber, ist denn unten »nur« Erde, nur Materie und wäre Geist immer nur oben? Wie könnten sie sich dann vereinigen, wie es uns das Bild des Thrones nahelegt? Ist da nicht auch Geist von unten, matriarchaler Geist, der dem patriarchalen gegenübersteht, ihm entgegenkommt? Der Geist von oben mag befruchten, erheben und erleuchten, aber er kann es nur tun, wenn von unten her matriarchaler Geist mitwirkt, Heimat gewährend, Nahrung spendend und Form gebend. Der eine Geist mag kristallklar sein, der andere aber voll pulsierendem Leben. Reiner Geist ohne Sitz im Leben, kann keine Wirksamkeit entfalten. Eine Gottheit ohne irdischen Thron wird nicht Fuß fassen.

Nicht umsonst sind die ältesten Kultheiligtümer Steine. Hier konnte das Unnennbare sich niederlassen und hier bereitete sich der Mensch vor, die göttliche Gnade zu empfangen, ja selber lebendiger Stein zu werden, selber empfangendes, sich vor Gott aushaltendes, gegenüberstehendes Gefäß für das Göttliche zu sein, wenn es kommt.

Ich erinnere an die Mandylion-Ikone: Auf ihr ist dargestellt, wie das Bild Gottes sich einem Gewebe, der bereiteten »Materie« einprägt, im Sinne der Inkarnation ihr einwohnt. Gemäß diesem Bild kann der Mensch lebendige Ikone Gottes werden, wenn er sich stellt: »Mensch, stell' dich auf deine Füße, ich will mit dir reden ...« (Ezechiel 2,1-2) und »auf diesen (matriarchalen) Stein (petra) will ich meine Kirche bauen ...« (Matthäus 16,18). Es ist der ruhende, aber in sich bewegte

Stein und Thron, der sich Gott mit eigener Fülle darbietet. Ich sehe im Thron nicht so sehr ein Symbol der Macht, als vielmehr der Lebensfülle. Im thronenden Pantokrator erscheint mir ein Bild der Vereinigung Gottes mit seiner Schöpfung, d.h. die Assimilierung des mütterlichen Schoßes Erde an die Welt des himmlischen Vaters, und damit des Geheimnisses der lebenbewirkenden Zusammenfügung all dessen, was wir mit männlich und mit weiblich bezeichnen. Was in der Ikone »Mariä Entschlafung« (Assumptio) ganz subtil angedeutet wird[14], nämlich daß Christus, um Erlöser zu werden, erst das Weibliche, in Gestalt der Seele seiner Mutter auf- und an sich nehmen muß, das wächst sich in der Ikone des thronenden Pantokrators zu einer heiligen Hochzeit überirdischer Größe aus.

Vor diesem Throne stehen wir, weil hier Leben, Lebendigkeit und Belebung entsteht. Ich erinnere an die Vorstellungen über den Stein, mit denen ich meine Darlegungen begann, an den Stein, der Himmel und Erde verbindet. Bei ihm tritt die innere Quelle zutage, die alles Leben sprossen läßt, in wirklichem wie in übertragenem Sinne. Inneres oder äußeres Leben entsteht, wo immer zwei gegensätzliche Komponenten sich glücklich und fugenlos zusammenfinden. »Theos! Wie es sich fügt!« möchte man ausrufen.

Ist der Thron unserer Ikone auch nicht mit Juwelen geschmückt, wie es dem Allherrscher ziemen würde, so ist er doch ein Juwel in sich selber, ein kostbarer Stein mit unzähligen Facetten und aus vielen Elementen zu einem wunderbaren Ganzen gefügt. Dieser – christliche – Thron ist natürlich gewachsen und geworden im Laufe der Jahrtausende: unseren tausendfältigen Lebenserfahrungen ähnlich, die uns zu guter Zeit tragenden Grund bieten, wie der Thron dem Herrscher.

Der Thron Christi, ein Stein des Anfanges zwischen Himmel und Erde!

Heute hat Gott,
der auf geistigen Thronen ruht,
sich einen heiligen Thron auf Erden gestaltet.
Der in Weisheit den Himmeln Bestand gab,
hat in seiner Menschenfreundlichkeit
sich einen lebendigen Himmel bereitet.
Aus unfruchtbarer Wurzel
ließ er einen lebentragenden Sproß
uns erblühen, seine Mutter.
Gott der Wunder,
der Hoffnungslosen Hoffnung,
Herr, Ehre sei dir![15]

Wie auf das Vlies, also, o Jungfrau,
rieselte lautlos vom Himmel
in deinen Schoß hernieder
der göttliche Tau
und hat alle ausgedorrte Menschennatur,
du Makellose, errettet.[16]

Christus Pantokrator

IN KOSMISCHER FÜLLE

Dieser Bildtypos trägt viele Namen: Christus mit den Himmelsmächten, Kosmischer Christus, Weltenrichter, Lebensspender ... Die Ikone (vgl. S. 104 a) basiert auf den Texten Ezechiel 1,4-5; 1,22-28 und 2,1-2.

Der Pantokrator sitzt schwebend auf einem kaum sichtbaren mystischen Thron. Mit seiner Rechten segnet er, in der Linken hält er das Evangelium. Die ihn umgebenden Formen und Zeichen charakterisieren ihn und die Ikone. Es sind vor allem die geometrischen Figuren, die auffallen.

- ☐   Rechteck des Bildträgers

- ⌿   Gebuchtetes Rechteck

- O   Oval / Ellipse

- ◊   Rhombus

- ◯   Kreis-Nimbus

- †   Kreuz

- ✕   Diagonales Kreuz (Strahlen)

Geometrische Figuren bezeichnen Grundsätzliches, Ewiges, Übergeordnetes, Kosmisches. Mit der so gekennzeichneten Ikone drückt die orthodoxe Theologie aus, daß das Kommen Jesu Christi, seine Inkarnation kosmisches Ausmaß hat und die ganze Schöpfung betrifft. Wie ein Ferment durchwaltet Er die ganze Welt und bringt ihr Struktur, Halt und Beseelung.

Bevor ich mich an die Deutung der Zeichen wage, zitiere ich erst die grundlegende Textstelle bei Ezechiel auszugsweise; der Leser möge selber zur Heiligen Schrift greifen:

> *Ich sah aber, wie ein Sturmwind daherkam von Norden her und eine große Wolke, umgeben von strahlendem Glanz und einem unaufhörlichen Feuer, aus dessen Mitte es blinkte wie Glanzerz. Und mitten darin erschienen Gestalten wie von vier lebenden Wesen; die waren anzusehen wie Menschengestalten. Und ein jedes hatte vier Gesichter und ein jedes vier Flügel.* (1,4-5)

(Jetzt folgt die Beschreibung der vier Wesen und der Thronräder.)

> *Und über den Häuptern der lebenden Wesen war etwas wie eine feste Platte, schimmernd wie furchtbarer Kristall, hingebreitet oben über ihren Häuptern…* (1,22)

> *Und siehe, über der festen Platte, die über ihrem Haupt lag, war es anzusehen wie Saphirstein, mit etwas wie einem Thron darauf; und auf dem, was wie ein Thron aussah, war eine Gestalt, wie ein Mensch anzusehen, oben darauf. Und ich sah es blinken wie Glanzerz von der Stelle an aufwärts, die aussah, als wären es ihre Hüften; abwärts aber von der Stelle an, die aussah, als wären es ihre Hüften, sah ich einen Schein wie von Feuer, und strahlender Glanz umgab rings die Gestalt. Wie der Bogen, der am Regentag in den Wolken erscheint, so war der strahlende Glanz ringsum anzusehen. Das war das Aussehen der Gestalt, in der die Herrlichkeit des Herrn erschien.* (1,25-2,2)

> *Als ich sie sah, fiel ich auf mein Angesicht, und ich hörte die Stimme eines, der da redete. Der sprach zu mir: Menschensohn, stelle dich auf deine Füße, ich will mit dir reden. Und als er zu mir redete, kam Geist in mich und stellte mich auf meine Füße, und ich hörte den, der zu mir redete.* (2,1-2)

Nach diesem großartigen und berührenden Text kehren wir zurück zum Bild und einigen nüchternen Erwägungen zu den geometrischen Figuren:

Ich beginne mit dem Rechteck des Bildformates. Es ruft unter anderem Assoziationen wie Türe, Fenster, Rahmen, Bild, Durchgang hervor. Das Rechteck hat ein Oben und ein Unten und wirkt deshalb differenzierter, labiler, berührbarer, als beispielsweise das in sich ruhende Quadrat. Das Oben und das Unten deutet zwei Enden, zwei Welten, zwei Seinsweisen an. Emotional bewirkt es leise Sehnsucht nach der Ferne.

Das zweite, eingebuchtete (rote) Rechteck, auch viereckige Mandorla genannt, erweckt den Eindruck eines an vier Zipfeln gehaltenen Tuches. Seine Form wirkt deutlich anders, als das festgefügte »hölzerne« Rechteck. Durch die Einbuchtungen entsteht der Eindruck eines vom Wind gestrafften Segels. Dieses Wind-Element weist auf einen Geisthauch hin, der das zwischen Oben und Unten ausgespannte Gewebe belebt und bewegt. Wir spüren sachte Beschwingung.

Das den Weltenherrscher umgebende Oval wird als Mandorla, die mandelförmige Aureole, verstanden, die als kostbaren Kern das Geheimnis Jesus Christus in sich birgt. Als Oval läßt uns dieses Zeichen an ein Weltenei, an den Ursprung denken, als Mandorla an die Symbolik der Mandel, wie ich sie eben erwähnte. Als Ellipse mit zwei Brennpunkten – falls wir es so sehen wollen – legt dieses Symbol uns nahe, daß Jesus Christus durch zwei Naturen gekennzeichnet ist und daß sein einer Brennpunkt im Himmel, der andere auf Erden liegt. Christus in der Mandorla wird über Kirchenportalen dargestellt; sie bedeutet dort den Eingang in den Schoß der Mutter Kirche. Als Empfindung übermittelt sich Umgeben- und Gehaltensein, vielleicht regt sich etwas wie leise Beengung; weil eine Durchgangssituation anklingt.

Der Weltenherrscher thront in seinem roten Rhombus. Ein Rhombus ist aus zwei gleichschenkeligen Dreiecken geformt: ein heiliges

Hinauf und ein heiliges Hinab. Der Retter ist zwischen zwei Elemente gestellt und hat diese in sich zu einen. In seinem Leben und Wesen. Als aufgestelltes Viereck gilt der Rhombus als Zeichen für die wieder aufgerichtete, nun heile und vollständige Welt, in der Oben und Unten versöhnt sind. Emotional tönt der rote Rhombus zarten Eros an.

Gemäß einem Kommentar soll das schwarz-grüne Oval Darstellung des Himmels und der rote Rhombus Darstellung der Erde sein. Aus ihrer Vereinigung tritt der Weltenherrscher und Allerhalter hervor, von ihnen ist er geprägt.

Einen Kreis nehmen wir als Nimbus um das Haupt des Erlösers wahr. In dieser Rund-Aureole sehe ich ein Bild der Ausstrahlung, wie sie von einem heilgewordenen, ausgeglichenen Menschen ausgeht und sie ist mir Zeichen der natürlichen Heiligkeit unseres Erlösers. Ein Kreis suggeriert Vollkommenheit. Die endlose Linie der Peripherie steht für Unendlichkeit, ewiges Sein. Es kann uns aber auch Drehen und Kreisen in den Sinn kommen. Kreis und Kugel sind Gottes-Symbole. Auf Ikonen wird Gott, oder seine Gegenwart, symbolisch als schwarzer Kreis, als dunkle Kugel dargestellt. Schwarz ist sie, weil Gottes Geheimnis auf ewig unauslotbar bleibt. Dionysios Areopagita umschreibt Gott mit dem paradoxen Begriff »überlichtige Finsternis«. Durch das mögliche Kreisen haftet Kugel und Kreis etwas Dynamisches an: Die Kugel wird ins Rollen kommen wie geheimes Leben, das sich bewegt. Wir verspüren ein gewisses Unruhe-Element. Auf unserer Ikone sehen wir auch runde Räder, die beflügelten Feuerräder an den Ecken der Fußplatte: die sogenannten Throne; sie gehören zu den »schauervoll erhabenen Wesen«, die, zusammen mit Cheruben und Seraphen die obersten Engelshierarchien bilden und den Thron Gottes umgeben. Die Feuerräder stehen für die Dynamik, die Gott eigen ist, und bedeuten Entflammung, Beflügelung, Windhauch und Pneuma.

Vorchristliche Vorstellungen wähnten die Gottheit auf einem Wagen fahrend, die Bundeslade Jahwes war auf Rädern gedacht, ein

Hinweis auf ein stetes Vor-sich-Gehen. »Gott ist nicht ein Gott der Toten, sondern der Lebendigen«, wie Jesus lehrt (Matthäus 22,32). Er selber wird von Petrus als »Sohn des lebendigen Gottes« erkannt. Könnte es sein, daß Kreis und Kugel auch bildhaft für das stetig rollende Leben, den ewigen Lebensfluß, die dauernde Lebendigkeit, das Ewige Leben stehen?

Das Kreuz nehmen wir – kaum sichtbar – wahr als rote Linien im Nimbus des Pantokrators und wir ahnen es auch als Struktur des Bildaufbaues, d.h. in der vertikalen Gestalt des Erlösers und der breitausladenden Horizontale des Rhombus. Es ließe sich als überwundenes Kreuz bezeichnen. Ein Kreuz war dem frühen Menschen einst Standortbezeichnung: Hier stehe ich. Der Analphabet markiert sein Vorhandensein mit einem Kreuz, wenn er ein Dokument unterzeichnen will. Als archaisches Zeichen setzte es der Mensch, um seine Welt in vier Himmelsrichtungen zu gliedern und sich so Orientierung zu ermöglichen. Das Kreuz als Ziffer und Symbol gibt uns das Gefühl der Verflechtung und Verhaftung. Jede Vierteilung bedeutet aber auch Aufteilung, Gliederung und Differenzierung; im menschlichen Erfahrungsbereich unter Umständen auch schmerzliche Zerrissenheit. Der Großmärtyrer Georgios soll vor seiner Heldentat, der Tötung des Drachens, geviertelt und vom Erzengel Michael wieder zusammengefügt worden sein, ein eindrückliches Bild!

Im Kreuz durchdringen sich zwei Strebungen, die sich gegenseitig in die Quere kommen. Wegen der Unvereinbarkeit solcher Gegensätze wird das Kreuz zum Leidenssymbol. An ihm hat der Menschensohn gelitten: »… doch nicht mein, sondern dein Wille geschehe!« Vor ähnlichen Leiden stehen wir alle im Laufe unseres Lebens. Wir können diesen schwersten Konflikten nicht ausweichen ohne uns zugleich um ein Stück Lebenswirklichkeit und Selbsterfahrung zu prellen. Die eigene Kreuzaufnahme würde unsere Bereitschaft bekunden, die Gegensätze unseres Wesens und Lebens und die in der Welt waltenden Unvereinbarkeiten anzuerkennen, auszuhalten, an ihnen zu leiden und sie, wenn immer möglich, schließlich in irgendeiner Weise lindernd zu überwinden, zu verbinden und zu versöhnen. Unlösbare Konflikte behindern uns in unserem Fortgang, wie der Menschensohn am Kreuz festgehalten wurde; aber indem wir die Pole aushalten, bahnt sich Neues, nicht Ausdenkbares in uns an. Es gilt die Latenzzeit zu überstehen. Da wo die zwei Kreuzesstrebungen sich durchdringen, geschieht Verdichtung. Im Brennpunkt des schmerzlichen Konfliktes ereignet sich das Wesentliche und liegt die Lösung. In der Verhaftung an das Kreuz transzendiert auch der irdischmenschliche Jesus sich selbst und wird zum göttlichen Christus.

Auf dem Bild spannt sich, ein allerdings nur zart angedeutetes Kreuz, diagonal wie eine tragende Struktur und ein Energiefeld von Ecke zu Ecke und weist auf die vier Evangelisten-Symbole hin. Deren Beschreibung findet sich in der früher erwähnten Ezechielvision (1,5-28). Es sind die Figuren Adler, Stier, Löwe, Engel (Mensch). Diese vier Wesen wurzeln im babylonischen Weltbild und bedeuten dort die vier Himmelsrichtungen und Weltenden. Als eigenartige Mischwesen stehen sie für gesteigerte, kumulierte Kräfte, die dem Weltenherrscher zur Verfügung stehen. Auf unserem Bild sind sie nach außen gerichtet, um den vier Weltenden das Evangelium zu verkünden. In den oberen Bildecken sind die Luftwesen Engel und Adler, in den unteren die Erdkräfte Löwe und Stier. Vom Bild her betrachtet, könnte man schließen, daß der Erlöser und Menschensohn in diese verschiedenartigen Kräfte eingebunden, von ihnen getragen und inspiriert sei. Vielleicht wird er für uns durch sie faßbarer und leichter zu orten. In Anlehnung an diese mächtigen Symbole wird Christus verstanden als

homo nascendus	—	der geborenwerdende Mensch,
vitulus moriendo	—	der sterbende junge Stier,
leo resurgendo	—	der auferstehende Löwe,
aquila ascendendo	—	der sich aufschwingende Adler.

Ich muß es dem Nachdenken des Lesers überlassen, die Bedeutungs-
fülle dieser großen Sinnbilder als kennzeichnende Aspekte Jesu-Chri-
sti auszuschöpfen.

Den Thron des Weltenherrschers erwähnte ich nur noch kurz,
schrieb ich doch beim vorangehenden Bild ausführlich darüber. Auf
der jetzt vor uns liegenden Ikone hat sich das feste Mauerwerk
gewandelt, ja, es ist verschwunden. Es ist kein irdischer Thron mehr,
er ist nicht von dieser Welt. Nur zeichenhaft ahnen wir ihn in
goldenen Linien hinter der Gestalt des Allerbarmers. Er steht symbolisch für den Schoß des Vaters, aus dem der Logos hervorging.
»Thron« ist ein weibliches Symbol wie die heilige Lade des Alten
Testamentes; ich habe dies beim erwähnten Bild dargelegt. Es scheint
mir wichtig, daß der geistige, neue Impuls, der Logos aus dem Schoß
und nicht aus den Lenden des Vaters erscheint.

Wie auf der vorangehenden Ikone weist auch bei dieser Darstellung
der Rand des Thrones deutlich und auffordernd wie ein Pfeil auf das
geöffnete Evangelium hin. Es springt uns weiß entgegen. Weiß bedeutet totales Licht, es enthält physikalisch alle Farben in sich; sind es
alle, so auch die dunkleren. Das Buch zeigt uns die »reine Lehre«. Im
heiligen Buch könnte zum Beispiel der Text stehen:

»Mein Reich ist nicht von dieser Welt; wenn mein Reich von
dieser Welt wäre …« (Johannes 18,36) oder

»Kommet ihr Gesegneten meines Vaters! Nehmet in Besitz das
Reich, das euch bereitet ist seit Anbeginn der Welt.« (Matthäus 25,34)

Nun zu den Farben, die uns überwältigend entgegenleuchten. Jede
Farbe hat ihren Charakter und charakterisiert demnach auch das
Dargestellte. Ich beginne mit der Farbbetrachtung im Bildhinter-
grund, dem Gold (hier nur noch im Gelb zu ahnen). Gold gilt nicht
als Farbe, ist vielmehr »anderen Wesens«, ist zeitloser, göttlicher Glanz.
Wegen seiner Unzerstörbarkeit wird Gold zum Ewigkeitssymbol. Es
bezeichnet die Heiligkeit des Gegenstandes. Was auf Goldgrund ruht,
zeigt ein ewiges Geschehen an.

Gelb kann stellvertretend für Gold stehen; es nimmt teil an dessen Symbolik. Wegen seiner lichten Ausstrahlung weitet Gelb und deutet Veränderung, Wandlung, neuen Ausblick an. Gelb kann uns das Gefühl von schwereloser Heiterkeit und zeitlosem Sein übermitteln.

Im Bild folgt auf das Gold Rot. Die rote Farbe beschleunigt den Puls und tritt immer dort auf, wo es gilt, den oder die Menschen zu befeuern, zu aktivieren und emotionieren. Rot stößt uns an wie ein Signal; als rote Flagge geht es dem Kampf voran. Vitaler Eroberungsdrang und Willensstoßkraft gehören zum Wesen der Farbe Rot. Sie will aufrütteln und umgestalten. Rot bekundet das Feuer der geistigen Entflammung und die Glut unseres Herzens in Lieb' und Leid. Das Rot der Ikonen ist stets intensiv; es befeuert uns, macht uns freudig erregt und mag ein Appell sein, unsere Gottesliebe glühender werden zu lassen, oder auch ein Aufruf zu intensiverem Leben.

Als nächste Farbe zieht uns das Grünschwarz des Ovals in sich hinein. Grün als Farbe wirkt beruhigend und verleiht auch unserem Bild den Eindruck von tragender Kontinuität. Bei Grün denken wir an Pflanzen, Bäume, Wiesen. Von grün geht eine gewisse Erquickung aus, unwillkürlich atmen wir ein bei Grün. Wie die Natur beharrlich jedes Jahr frisches Grün sprossen läßt, so deutet Grün auf die Fortdauer des Lebens hin und weckt Hoffnung in uns. In der Ostkirche ist Grün die Farbe des lebenspendenden, heiligen Geistes. An Pfingsten sind alle Kirchen mit frischem, duftendem Grün geschmückt und der Priester zelebriert im grünen Ornat.

Das Grün unserer Ikone ist allerdings kein Frühlingsgrün, vielmehr ein stark eingeschwärztes. In dieser Vermischung wandelt es sich zum schattenhaft Geheimnisvollen hin und erweckt Erinnerungen an Träume, an einen Blick in tiefes Wasser. Heimliches Leben regt sich im Rundoval, doch sind es nicht Blumen und Blätter, sondern »schauervoll erhabene« Seraphen und vielgesichtige Cheruben, die im Dunkel den Thron Gottes mit ihren Flügeln umfächeln:

»Himmlische Heere, Heere der Cherubim stellen wir in mystischem, mystischem Geheimnis dar. Dem dreifaltigen Lebensquell bringen wir dreimalheiligen Lobgesang. All irdisch Sinnen, irdisch Sinnen und Trachten woll'n wir nun vergessen.«[1]

So einer der herrlichsten Gesänge der Chrysostomusliturgie.

Eine unerklärliche Ahnung beschleicht uns beim Einsinken in das belebte Dunkel des Ovals. Steigen wir hinab in eine göttliche Unterwelt oder steigen wir in fernste Höhen?

Vor dem dunklen Tor lagert sich der leuchtendrote Rhombus und wie durch zwei Geburtspforten hindurch drängt der Weltenherrscher und Allerbarmer aus seiner fernen Welt auf uns zu. Sein Gewand leuchtet uns gelbrot entgegen. Das materielle Rot ist von überirdischem Gold durchwaltet, ganz im Sinn und Geiste der Orthodoxie, die alles Irdische vom Göttlichen durchflossen wissen will. Die Farbe Orange entsteht, wo Licht und Stoff sich mischt. Die Leuchtkraft des Roten wird durch das einströmende Licht (Gelb) erhöht und beginnt, in die Weite zu strahlen. Orange ist die Farbe stolzen Selbstbewußtseins. Es ziemt dem Allherrscher, in die Farbe der Macht, Goldorange, gekleidet zu sein. Die unzähligen Goldlinien des Gewandes lassen uns seinen überirdischen Glanz und seine Kraft erleben. Das Gefühl der Geisterfülltheit und der Vergeistigung legt sich uns nahe. Manchen Betrachter erinnern die Goldzüge an reife Ähren.

Wenden wir uns der Gestalt des Pantokrators zu, so fällt uns wieder, wie auf der vorangegangenen Ikone, die eigenartig schwebende Statik der Figur auf. Christus ist nicht auf dieser Welt, er ruht über ihr. Sein labiles Gleichgewicht erwecke das Gefühl »drohender Unruhe«: So sieht es ein Interpret, ja, er vermutet in dieser bewegten Haltung ein »Symbol explosiver Machtbereitschaft«. Mir kommt das Wort »Aufbruch« in den Sinn. Sogleich wird der Erlöser kommen, scheint das Bild zu künden. Sagt diese Darstellung vielleicht, daß er stets im

Kommen sei? Heißt es doch, daß das Reich der Himmel »vor der Türe« stehe, »bei der Hand« liege, »unmittelbar bevorstehe«! Jesus Christus hat Teil am Wesen Jahwes, wie ich es bei der Ikone des Acheiropoietos erwähnte. Wie dieser ist auch Christus ein Gott, der sich stets neu erweist und dessen Wirken wir erst erfahren, wenn der überraschende Augenblick da ist. Und wie oft erscheint er in anderer Weise und Gestalt, als wir ihn erwarten! Ja, nimmt er überhaupt Gestalt an, ist er nicht »nur« als Erlebnis zu fassen?

Etwas von dem immer möglichen, kommenden Reich mit seiner Wohlordnung spüre ich beim Betrachten dieser Ikone. Der Eindruck des »Explosiven«, die Möglichkeit des plötzlichen Hereinbrechens wird durch das machtvolle Goldorange des Weltenherrschers unterstützt und bewirkt.

Gemessen an den überwältigenden Formen und Farben, überrascht nun das uns so menschlich ansprechende Antlitz des Allerbarmers. Unversehens tritt uns aus der kosmischen Fülle ein Mensch, der Mensch entgegen. Sein Gesicht bedrängt uns, ruft Fragen hervor: Gott als Mensch? Mensch als Gott? Werden wir eine Antwort wissen?

Ich möchte zurückkommen auf die Farben Rot und Grün, die uns bei dieser wie bei anderen Ikonen beschäftigt haben. Rot und Grün sind Komplementärfarben, das heißt, daß sie sich gegenseitig fordern und sich zu ihrem höchst eigenen und eigentlichen Wesen steigern und herausrufen. Nur in dieser Gegenüberposition, in diesem gegenseitigen Aushalten entsteht die fruchtbare Spannung, die neues Leben, Lebendigkeit und Schöpfung werden läßt. In der Vermischung würde Rot und Grün zu Grau erlöschen.

Wie lautet doch die Lehre? »Christus ist vollkommener Gott in zwei Naturen, die weder vermischt noch voneinander getrennt sind.«[2] Die Ikone zeigt uns, wie die Gestalt Jesu Christi unter zwei gegensätzlichen, sich aber bedingenden Prinzipien steht und in ihnen und durch sie seine Wirksamkeit und seine Daseinsberechtigung erhält.

Ich verstehe dies als Aufforderung, daß auch wir die schöpferische Gegensatzstruktur seines Wesens »ganz Mensch und ganz Gott« wahrnehmen und für uns maßgebend werden lassen. Was anderes sollte das Kreuz bedeuten, wenn nicht das Anerkennen der paradoxen Gegensätze unseres Erlösers und im Gleichen das Aushalten und Leiden an unseren eigenen, schmerzvollen, aber lebenbewirkenden Gegensätzlichkeiten? Glauben wir dem Urbild und folgen wir ihm!

Rot und Gelb darf sich wohl mischen; nicht aber Rot und Grün. Es würden beide ihr Wesen verlieren und in grauer Asche verglühen. Wie auch wir selber nicht farblos grau sein wollen, sondern lebensvoll bunt, so lasse man auch den Allerbarmer und seine Himmelsmächte nicht zum bloß »lieben Heiland« verblassen und erlöschen. Möge ihm die Wucht seiner Gegensätze erhalten bleiben, ihm und seinem Reich zum Sieg und uns – als wahres Urbild – zum Trost.

Ganz war er in der Tiefe und ganz war er in der Höhe. Ganz war er bei Allen und ganz bei jedem Einzelnen.
Ganz war er im Mutterleib und zugleich im All.

Oh, daß er nicht die Schauenden verwirre![3]

Der auf dem Cherubim Throne dahinfährt und König des Alls ist, der hat in deinem jungfräulichen Schoße, Allreine gewohnt und vom Verderben menschenfreundlich alle erlöst. Wohlan denn, auch jetzt schließ rings mit deinen Bitten mich ein.[4]

Taufe des Herrn

AUSGELIEFERT UND EINGEWEIHT

Nachdem wir uns viele Gedanken über den Allherrscher gemacht haben, will uns die nun folgende Ikone (vgl. S. 112 a)
beinahe wie ein Engelsturz anmuten. War Christus soeben noch in
fernstes All entrückt, so taucht er nun plötzlich mitten unter uns auf
Erden auf, in einem Geschehen, das wohl keinem Menschen ganz
fremd ist. Wir alle erleben Taufe mehr oder minder, sei es eine
kirchliche oder sei es eine schicksalhafte. – Wie erlebt Jesus Christus
die seine?

Das Troparion des Festes der Taufe des Herrn lautet:

> *»Im Jordan wirst Du, Herr getauft,*
> *und offenbar wird die Anbetung der Dreifaltigkeit.*
> *Des Vaters Stimme Dich bezeugt,*
> *nennt Dich den geliebten Sohn,*
> *und der Geist, in Gestalt einer Taube*
> *ist des Wortes Bekräftigung.*
> *Erschienen bist Du, Christus, unser Gott,*
> *und erleuchtest die Welt, Ehre sei Dir!«*[1]

Im Markus Evangelium (1,9-13) wird die Taufe Jesu so beschrieben:

> *»Und es begab sich an jenen Tagen, daß Jesus aus Nazareth in Galiläa*
> *kam und sich von Johannes im Jordan taufen ließ. Und sobald Er aus*
> *dem Wasser stieg, sah Er die Himmel sich öffnen und den Geist wie*
> *eine Taube auf sich herabschweben. Und eine Stimme erscholl aus den*
> *Himmeln:*
> *Du bist mein geliebter Sohn, an Dir habe ich Wohlgefallen gefunden.*

Und alsbald treibt ihn der Geist in die Wüste hinaus. Und Er wurde
in der Wüste vierzig Tage vom Satan versucht; und Er war bei den
Tieren und die Engel dienten ihm.«

Matthäus (3,14-15) fügt in seiner Version noch hinzu, daß Johannes
sich scheute, die Taufe an Jesus zu vollziehen. Dieser aber sprach zu
ihm: »Erleide es nun, denn es gebührt uns, alle Gerechtigkeit zu
erfüllen. Dann erlitt er ihn.«[2]

Leonid Ouspensky[3] kommentiert das Taufgeschehen folgenderma-
ßen: »Das Fest der Taufe Christi wird die Erscheinung Gottes genannt,
weil in der Taufe die Gottheit Christi offenbar wird. Mit ihr tritt Er
auch den offenkundigen Dienst zur Erlösung der Welt an.«

Als weitere Annäherung an unsere Ikone sei hier auch eine kurze
Erläuterung angeführt, wie sie in einem Programmheft des Benedik-
tinerklosters Niederaltaich steht: »Das Fest der Erscheinung unseres
Herrn, Gottes und Erlösers Jesus Christus, zählt zu den ältesten und
ehrwürdigsten Festen der Christenheit und wird in der orthodoxen
Kirche bis heute in ungewöhnlich feierlicher Weise begangen. Zen-
tralgedanke des Epiphaniefestes ist die Offenbarung Gottes in der
Person des menschgewordenen Logos und seine gnadenhafte Eini-
gung mit der Menschheit. In der liturgischen Entfaltung dieses My-
steriums knüpft die Ostkirche vor allem an ein Ereignis aus dem Leben
des Herrn an, auf das sich die Lesungen, Gesänge und Zeremonien
insbesondere beziehen: an die Taufe Jesu im Jordan und die damit
verbundene Offenbarwerdung der Dreifaltigen Gottheit.«

Leser meines Buches mögen beim Anblick dieser Ikone eine gewisse Überraschung, vielleicht gar leise Enttäuschung empfinden und
sich fragen, weshalb ich denn die Reihe der Christusbilder nicht, wie
erwartbar, mit dem Höhepunkt, der Ikone des Weltenherrschers
beschließe. Eine berechtigte Frage: Hatte doch die ursprüngliche
Bildersequenz tatsächlich ihre beiden Pole einerseits im Christus Immanuel der Gottesmutter des Zeichens und andererseits in der Ikone

des Christus Pantokrator mit den Himmelsmächten. So sinnvoll diese Bilderreihe sich erwies, so sehr blieb sie doch einer Christus-Schau oder Lehre, einer Zusammenstellung von frühen Vorstellungen, Gedanken und Phantasien verpflichtet, die um den erhöhten Christus, um die *Idee* eines göttlichen Sohnes und Retters kreisten. Aber: »Alle Religion baut sich um eine lebendige Person auf, denn man kann keine persönliche Beziehung zu einer Idee haben.«[4]

Damit Idee nicht bloße Idee bleibt, braucht sie Umsetzung. Phantasie und Verwirklichung sind immer zweierlei und es kostet viel Zeit und Mühe, ja Mühsal, wenn aus dem einen das andere werden, wenn aus dem Wort Fleisch werden soll. Menschwerdung dauert lange. Und so fühle ich mich gezwungen, über den nun beginnenden Prozeß der Umsetzung der Ideen und bildhaften Lehren in Tat und Leben des seine Bestimmung aufnehmenden Jesus Christus zu schreiben.

Was sind seine ersten Erlebnisse nach dem großen Ereignis der Taufe?

Was sagt uns das Evangelium über Jesus, der nicht nur Gottes Sohn, sondern auch Sohn der Menschen ist?

Wie manifestiert sich das Ewige im Zeitlichen?

Wie erlebt Jesus den Einbruch des Überzeitlichen in sein Leben, in seinen Werdegang?

In welcher Weise erleben wir selber Taufe?

Welche Erfahrung empfinden wir als Taufe?

Darüber möchte ich mir anhand der Tauf-Ikone einige Gedanken machen und mir selber mehr Klarheit über die komplexen Zusammenhänge verschaffen, die sich hinter dem Bild verbergen und die sich in der Lehre von Taufe, Epiphanie und Dreifaltigkeit überlagern.

Was zeigt uns das Bild? Zunächst bedrängt uns die fast gespenstisch anmutende Stimmung. Dann nehmen wir das sehr dunkle Wasser und darin die ausgemergelte Gestalt des Täuflings wahr. Weiter fällt uns die betonte Dreiteilung des Bildes auf. In der Senkrechte ist es Vater, Heiliger Geist und Sohn, die gleichsam drei Stufen bilden und oben mit unten verbinden. In der Waagerechten wird die Dreiteilung durch die drei »Landschaften«, drei Bereiche, bewirkt, die wir der Erde, dem Wasser und der Luft zuordnen können.

Von links tritt im härenen Gewand und Prophetenmantel Johannes, der Vorläufer, auf Jesus zu, der seinerseits ihm durch den dunklen Jordan entgegenschreitet. Rechts stehen drei andächtige Engel, die mit ehrfurchtsvoll verhüllten Händen dem Geschehen Verehrung erweisen. In der Spannung zwischen den Bereichen oder gar im Bruch, steht Jesus, alle drei Bereiche verbindend.

Über dem Ganzen thront Gott-Vater im erleuchteten Himmelskreis und sendet, kaum sichtbar, in einem tropfenförmigen Rund die Taube des Heiligen Geistes auf Jesus herab.

Jesus ist nackt dargestellt. Sein Körper ist bis auf Haut und Knochen abgemagert, sein Gesicht aschfahl, der Blick zur Erde gesenkt und wie in sich selbst hineinhorchend. Ahnt Er, was auf ihn zukommt? Seine Hand ertastet den Weg. Als ganze Erscheinung wirkt Er zerbrechlich, armselig und ausgesetzt, entsprechend seiner Entäußerung (Kenosis) ins »Stirb und Werde«, das mit seiner, wie mit jeder Taufe einhergeht.

Der dunkle Jordan zwischen den zwei engen, zackigen Felsufern dramatisiert die Stimmung und erhöht den Eindruck einer ahnungsvollen Ausweglosigkeit. Die Zeit scheint einen Augenblick stille zu stehen. Dennoch wirkt das Bild belebt. Zum einen sind es die Wellen des Jordans, die, spiralförmigen Lebenswirbeln gleich, Bewegung und Lebensfluß andeuten. Jesus segnet sie. Zum anderen ist es das stille Kreisen von Energien, die von der Hand des Täufers auf Jesus übergehen und durch ihn hindurch, durch seine segnende Hand zurückmünden in die bewegte Gestalt des Johannes. Die beiden Gestalten scheinen im selben, geheimnisvollen Kreis verbunden zu sein. Johannes legt seine Hand taufend und schützend zugleich auf das Haupt Jesu, als müßte er ihn bewahren vor dem Einbruch und der Überwältigung durch den göttlichen Eingriff, der ihm gleich widerfahren wird. Johannes erscheint dabei gleichsam als dunkler Bruder Jesu. Er ist sein Vorläufer,

der noch das Fellgewand trägt, Zeichen seines kreatürlichen Wesens, das es zu wandeln oder abzulegen gilt, wenn aus dem »alten Adam« ein neuer werden soll, wie Jesus uns das vorlebt. In Johannes begegnet Jesus dem erdhaften Menschen, während Johannes in Jesus dem Göttlichen begegnet. Ich sehe sie als Exponenten der zwei Bereiche, Himmel und Erde, die nun, durch das Herniedersteigen des Geistes neu vereinigt werden. Seele und Leib verbinden sich.

Johannes der Vorläufer wird als Asket gezeichnet. Einen »Bürger der Wüste und Engel im Fleische« nennen ihn die orthodoxen Schriften. Oft wird er mit Flügeln dargestellt. »Seit den Zeiten des frühen Christentums galten die Einsiedler in der Wüste als die Engelartigen, die die Wüste zu einem Himmelszelt umgestalteten.«[5] In der Tat begann an vielen Orten der Welt die Kultivierung und Urbarmachung des Landes durch die Ein-Siedler. Sie belebten die Wüste durch ihre Ein-Wohnung. Theologisch gesprochen, steht Johannes an der Schwelle zwischen Altem und Neuem Testament, ein Mensch des Überganges von einer Zeitepoche in die andere.

Wie die Ostkirche ihn sieht, verkündet uns ein Kanon:

> »Samt den unkörperlichen Engeln
> den ehrwürdigen Aposteln,
> den gerechten Duldern und den Propheten
> flehe du, o Prophet, zu dem allgütigen Gott immerdar,
> daß wir die ewigen Güter erlangen, die wir dich besitzen
> als den gütigen Beschützer.
> Erweise du, liebliche Schwalbe,
> du allschöne Nachtigall,
> du wüstenliebende Taube,
> du Täufer des Herrn,
> du Blume der Wüste,
> meine durch Unfruchtbarkeit zur Wüste gewordene Seele
> als fruchtbar an großer Liebe.«[6]

Es bleibt uns noch, die Engel zu erwähnen, die das geistige Gewand des neuen Adams bringen. Es soll, wie es heißt, aus Wasser und Geist gewirkt sein. Die drei Engel bringen vermutlich drei Teile, je einen für Leib, Seele und Geist, entsprechend dem orthodoxen, dreiteiligen Bild vom Menschen. Die Gewebe sind zart wie Schleier. Man weiß nicht, ob ihr durchsichtiges Grün dem Wasser, der Pflanzenwelt oder dem Lufthauch zuzuordnen ist. Wohl allen dreien. Engel sind Übermittler an der Grenze zwischen Jenseits und Diesseits. Als Boten sind sie Begleiter des heiligen Geistes, des Geistes von dem Jesus nun erfüllt und bestimmt wird. Die Engel begleiten ihn auch in die Wüste, wo sie ihm seelsorgerliche Hilfe gewähren, während Er von wilden Tieren bedroht und vom Teufel versucht wird.

Was auf unserer Ikone fehlt, ist die Axt, die als Mahnzeichen an den Baum gelegt ist, der nicht Früchte tragen will (Matthäus 3,10). Es fehlen die Gestalten des Flußgottes Jordan und der Meeresgöttin Amphitrite, die auf Ikonen üblicherweise mit zum Taufgeschehen gehören. Ein flüchtiger Überblick über die historische Entwicklung des Taufmotivs in der Kunst, wie es sich ab dem 2. Jahrhundert heranbildet, zeigt uns am Anfang nur den Knaben Jesus und mit ihm Johannes den Vorläufer, als gütig-segnenden Vater. Die Taube fliegt soeben von der Seite heran. Auf Darstellungen des 5. Jahrhunderts taucht dann, als dem Johannes ebenbürtige Gestalt, der Flußgott Jordan im Bilde auf. Der kleine Jesus steht zwischen ihnen.

Markant ist immer der Stein, auf den Johannes seinen Fuß setzt; es soll der Stein gewesen sein, von dem aus Elia in den Himmel auffuhr. Vermutlich teilt er seine Bedeutung auch mit dem Grund- und Anfangsstein, über den ich im Kapitel »Christus auf dem Thron« schreibe.

Der Flußgott Jordan scheint anfänglich bedeutungsvoll gewesen zu sein. Im Laufe der Jahrhunderte aber schwindet seine Größe, er taucht nur noch halbfigurig aus den Fluten und bald versinkt seine Gestalt gänzlich im Wasser, wo er nur noch als unterschwellige, kleine Nebenfigur sein – nun nicht mehr erlaubtes – Dasein fristet. Mit ihm verschwinden Amphitrite und einige Wasserwesen. Die negative Apostrophierung der abgesunkenen, heidnischen Gottheiten wird deutlich, wenn im Wasser zusätzlich der böse Drache erscheint, oder der Satansstein zu sehen ist, auf welchem Jesus steht. Dieses, auf gewissen rumänischen Ikonen anzutreffende Motiv[7] geht auf eine Legende zurück, wonach Adam mit dem Teufel einen Pakt die Bebauung der Erde betreffend schloß. Dieser Pakt wurde mit einem Handabdruck Adams auf einem Ziegelstein besiegelt, der sogenannten Plaka, dem Urkundstein. In der Taufe überwindet Jesus den Teufel, zertritt den unter dem Stein hervorzüngelnden Schlangen die Köpfe und löst so den unglückseligen Vertrag auf. Die Schuld des alten Adam wird getilgt, ein neuer Adam kann erstehen.

Die Wasser des Jordan werden im Laufe der Zeit auf den bildlichen Darstellungen immer mehr mit dem Unreinen assoziiert; das Bild wird in eine obere, gute, lichte und in eine untere, böse, dunkle Hälfte geteilt. Das Wasser bedarf deshalb des göttlichen Zeichens der Reinigung. Durch sein Eindringen und Eintauchen gereinigt, heiligt und erleuchtet Jesus das Wasser.

Etwas im Widerspruch zu dieser negativen Färbung des Irdischen, aber vom Bild her gegeben, stehen jene Gedanken, die dem Eintauchen des göttlichen Sohnes in den mütterlichen Schoß der Erde hochzeitliche Bedeutung zumessen. Der Himmel vermählt sich der Erde. Berührend ist dabei, daß ein Mensch, *der* Mensch, durch seine Taufe, sein Eindringen in das Dunkel, zum verbindenden Glied wird. Sind wir uns dessen bewußt?

Mit der Vertreibung des Flußgottes und der Meeresgöttin werden die alten, heidnischen Gottheiten verabschiedet und eine neue Zeit bricht an. Eine neue Gottheit ist erschienen: Epiphanie.

Frühe Predigten erwähnen das Stillestehen oder aber auch das Fliehen des Jordanwassers; es soll über das Kommen des Herrn in

Knechtsgestalt zutiefst erschrocken sein. Erschrecken nicht auch wir über die Alltäglichkeit des Göttlichen, wenn dieses uns, wie Maria, mitten in der Arbeit überrascht? Wenn es gar nicht mit großen Zeichen daherkommt, sondern »nur« als erleuchtender Ein-Fall oder plötzliches Gewahrwerden der Ungewöhnlichkeit eines Ereignisses?

Das Stillestehn der Fluten soll auch an die Flußüberquerung des Propheten Elia erinnern, der mit seinem Mantel die Jordanwasser aufzuhalten wußte. Einige alte Bildvarianten lassen den Jordan wie eine Quelle aus dem Felsen sprudeln und stellen so eine Sinnverbindung her zu Mose (Numeri 20,8 ff.) und Petrus, die das lebensnotwendige Wasser für ihre durstigen Weg- und Leidensgenossen aus dem Felsen quellen ließen. Ich muß darauf verzichten auf all diese Sinnbezüge einzugehen.

Über dem dunklen Jordanwasser erscheint die Taube des heiligen Geistes. Wie ein Pfeil weist sie auf den hell-leuchtenden Nimbus des Täuflings hin, der seine Heiligkeit bezeichnet. Das Symbol der Taube ist von Anbeginn an auf den Taufbildern zu sehen. »Sie weist auf die Ankunft Christi und bezeugt ihn als den Gottessohn, der den Himmel, den Adam (durch seine Sünde) verschlossen hatte, wieder geöffnet und die Geisttaube für das kirchliche Taufsakrament herbeigeführt hat. Sie zeigt auf ihn, als den neuen Noah, der den neuen Bund zwischen Gott und Mensch herstellt und der Welt den Frieden mit Gott bringt…«[8]

Es verdient, erwähnt zu werden, daß es Taufdarstellungen gibt, auf welchen die Apostel und Menschenfischer Simon Petrus und Andreas den Engeln als Taufpaten gegenübertreten, die sozusagen den Fisch aus der Tiefe heben. Eine Diskussion der Kirchenväter dreht sich um die Frage, ob der Mensch wie ein Fisch im gnadenvollen Taufwasser zu verharren habe, oder ob er sich aus diesem erheben soll. Jesus jedenfalls taucht auf.

Ein weiteres Bild[9] wirft in mir eine andere Frage auf: Auf einem ägyptischen Tafelbild des 5./6. Jahrhunderts steht im Hintergrund, neben Johannes dem Vorläufer eine Frauengestalt mit Haube und nackten Brüsten: Ist es Eva, die Urmutter und Amme des Lebens, die das Werden des neuen Adams begleitet? Die beiden Gestalten erinnern an Ur-Eltern, die als Wahleltern des jungen Jesus walten. Oder stehen sie in Beziehung zu den antiken Gottheiten Helios und Selene, Sonne und Mond, die des öftern auf Ikonen mit zum Bildschema gehören, allerdings bei anderen Bildthemen.

Aus den vielen verwandten Bildmotiven wird ersichtlich, daß in der Taufikone eine Fülle von Gedanken und theologischen Lehren ineinander verwoben sind, die erst ab dem 6. Jahrhundert eine bestimmtere Form annehmen, um schließlich im 9. Jahrhundert nach Beendigung des Bilderstreites in ihrer jetzigen Komposition festgelegt zu werden.

Ich beende meinen Motivüberblick mit dem Psalm 114, aus dem die Taufhymnen vor allem die Verse 3 und 5 übernommen haben. Der Psalm gehört damit auch zum inhaltlichen Hintergrund unserer Ikone:

1   *Als Israel aus Ägypten zog,*
       das Haus Jakobs
       aus dem Volk fremder Zunge,

2   *da ward Juda sein Heiligtum,*
       ward Israel sein Königreich.

3   *Das Meer sah es und floh;*
       der Jordan wandte sich zurück.

4   *Die Berge hüpften wie Widder,*
       die Hügel wie junge Lämmer.

5   *Was ist dir, du Meer, daß du fliehst?*
       Du, Jordan, daß du zurückweichst?

6   *Ihr Berge, daß ihr wie Widder hüpft?*
       wie junge Lämmer, ihr Hügel?

7   *Vor dem Herrn erbebe, o Erde,*
     vor dem Angesichte des Gottes Jakobs,
8   *der den Felsen wandelt*
     zur Wasserflut
     und den Kiesel
     zum sprudelnden Quell.

Beim Betrachten der Tauf-Ikone müssen wir vor allem über die Heilige Dreifaltigkeit nachdenken; denn hier bei der Taufe zeigt sich das Göttliche zum ersten Mal in dreierlei Gestalt. Wir werden auf drei Namen getauft, dem des Vaters, des Sohnes und des Heiligen Geistes. Durch diese Taufe erhalten wir gleichzeitig den Geist der Lebendigkeit geschenkt. Die Lehre von der Trinität wird bibeltheologisch und von den griechischen Kirchenvätern begründet: »Die Alexandriner ... halten sich an die Epiphanie der göttlichen Personen, auf die sie den Akzent legten. Die Kappadozier, vor allem Basilius und Gregor von Nazianz sekundieren ihnen darin, profilieren aber noch deutlicher die Personen, die sie aus einem erhabenen Kreislauf verstehen, der im ursprungslosen Vater anhebt, sich in der Zeugung des Sohnes weitergibt und sich im Ausgang des Heiligen Geistes vollendet, um dort, wieder zurückkreisend, einzuströmen in die väterlichen Urtiefen. Dieser dreimal selige Kreislauf ist dynamische Bewegtheit der Gottheit, die offen bleibt und gnadenvoll die Kreatur mit hineinbettet und sie in sich beseligt und vollendet.«[10]

Die Vorstellung der Dreifaltigkeit als Kreislauf spricht mich an, weil damit auf die »Bewegtheit der Gottheit« und die Lebendigkeit alles Göttlichen hingewiesen wird. Im Kreislauf spürt man förmlich den Schwung und die Beflügelung, die der Heilige Geist mit sich bringt. Ähnliche Vorstellungen über einen Kreislauf der göttlichen Liebe und des Lichtes finden sich auch bei Dionysios Areopagita.[11]

Auch er wähnt in seiner geistigen Schau alle Energien als von Gott ausgehend. In einem großen Kreis der Licht-, Sinn- und Erkenntnisübermittlung durchwaltet der kreisförmige Strom alle Stufen der Welt und des Menschseins und nimmt den Menschen von seinem je individuellen Standort aus mit hinein in den zu Gott zurückfließenden Strom. In diesem fließenden Erkenntnis- und Entwicklungsweg lernt der Mensch Schritt um Schritt Gott ähnlicher zu werden, bis er schließlich die vom Schöpfer in ihn gelegte Gottebenbildlichkeit wieder erlangt, die zwischenzeitlich getrübt und verhüllt war, oder anders ausgedrückt, bis er als Gerechtfertigter, Richtiggemachter und heiler Mensch in das Reich Gottes auf Erden eingeht.

Die Zahl Drei gilt als dynamisch und heilig. Ihr Ungleichgewicht bewirkt immerwährende, lebensvolle Unruhe.

> *»Leuchte, dreisonnige Gottheit, mir mit dem Strahl*
> *Deines göttlichen Glanzes,*
> *daß mit den geistlichen Augen des Herzens*
> *ich schaue die Schönheit Deines*
> *übersinnlichen, göttlichen Lichts*
> *und Deiner lichtstrahlenden süßen Gemeinschaft.«*[12]

Dem Geist, auch dem menschlichen, eignet große Triebkraft. Er be-geistert uns für vieles. Doch auch der unselige Geist muß genannt werden, der uns mit der gleichen Kraft in eine unheilvolle Situation treiben kann.

Auf unserer Ikone überraschen wir Jesus in dem Augenblick seines Lebens, da ihn der Geist ergreift, bestimmt und ihn mit hinein nimmt in eine neue Entwicklung. Diese führt ihn von der Taufe weiter auf einen Umweg und an einen unerwarteten Ort: in die Wüste. Beim Nachdenken über diese unvorsehbare Wende der Ereignisse, kommt mir das Gleichnis vom verlorenen Sohn (Lukas 15,11) in den Sinn. Auch er geht vom Vater aus und trägt dessen Erbe mit. Ein innerer Trieb reißt ihn hinaus in die Welt und in die *ihm* zugedachte »Wüste«. Nach einem langen Umweg findet er schließlich, erwachsen und

durch viele Erfahrungen reifer geworden, zurück zum Vater, der ihn
liebevoll annimmt.

Folgt diese Geschichte nicht der Vorstellung des Kreislaufes?

Kommt uns diese Idee nun näher?

Ja, ist der vermeintlich verlorene Sohn, und wir mit ihm, nicht in
eben den dreifaltigen Kreislauf und Lebensfluß eingebettet, der ihn
in tieferem Maße zum wirklichen Menschen werden läßt und ihn
nun neu zum Sohne des Vaters macht, ihn heimführt zu den »väterlichen Urtiefen«?

Verstehen wir, welches Lebensmuster uns in der Markus-Erzählung
von der Taufe Jesu und im Gleichnis vom verlorenen Sohn gegeben
ist?

> *Um den Menschen kund zu tun*
> *Deine Eine, dreifach strahlende Gottheit,*
> *hast Du einst gebildet den Menschen*
> *und ihn nach Deinem Bild gestaltet,*
> *gibst ihm Einsicht, Du Menschenfreund.*
> *Wort, Du erfüllst ihn mit Geist.*[13]

Ich versuche nun, einige Fragen und Gedanken zur Taufe zu formulieren und dabei eine Gedankenbrücke zu unserem subjektiven Erleben zu schlagen: Geschieht Taufe eigentlich nur bei der Aufnahme
in eine christliche Gemeinde? Ist sie nur Namensgebung, oder meint
sie mehr? Gibt es andere Weisen des Tauferlebens? Vielleicht Ereignisse, die sich sehr anders abspielen und die wir dennoch als dem
Taufvorgang ähnlich empfinden, ja, sie geradezu als Taufe erleben?

Von unserem Bilde her gesehen, scheint sich Taufe während eines
Überganges zu ereignen, in welchem wir Gewesenes verlassen und
zaghaft, oder mutig Neues, Unbekanntes wagen, so wie Jesus den
eigenartigen Rufer in der Wüste aufsucht. Auf der Ikone durchquert
Er soeben das dunkle Wasser von einer Klippe zur anderen. Hinter

ihm stehen schützende, geistige Kräfte. Vor ihm steht, wie eine Vorahnung, der Vorläufer in seinem Zwie-Aspekt »Bürger der Wüste und Engel im Fleische«. Johannes versteht sich als ein Rufer in der Wüste. Seine Stimme, sein Ruf gleicht einem Ur- und Geburtsschrei. Jesus scheint ausgesetzt zwischen links und rechts, oben und unten, Himmel und Erde, Wasser und Luft, alles Gegensätze, die er zu vereinen sucht. Wir ahnen das Kreuz.

Wie Markus berichtet, findet die Taufe in der Wüste statt. Ich lese daraus, daß auch unsere »Taufe«, die Einweihung in unser Schicksal und in die größeren Lebensgeheimnisse, an einem Ort oder zu einer Zeit der Verlassenheit und der seelischen Bedrängnis stattfindet, etwa dann, wenn wir seelisch hungern und dürsten. Jesus erfährt seine Bestimmung an einem solch einsamen Orte außerhalb und, wie das Bild ihn zeichnet, in äußerster Entblößung.

Er kann uns Bild sein dafür, daß auch wir erst dann zu einem schicksalwendenden Schritt bereit sind, erst dann die eigenartige Stimme in uns vernehmen, wenn wir bar aller inneren oder äußeren Möglichkeiten sind und nicht mehr weiter wissen. Erst dann werden wir hellhörig, sei es für die Stimme von oben, sei es für die Stimme, die mahnend und weisend aus unserem eigenen Herzen spricht. Was Jesus zu Johannes trieb, wissen wir nicht; aber wir wissen, daß auch sein Leben ein schwieriges, ein leidvolles war.

Würde in unseren Träumen eine dem Vorläufer vergleichbare Figur auftreten, würden wir diese vielleicht als Symbol einer Naturgottheit, oder als personifizierten Erdgeist deuten, der, dank seiner Naturnähe »das Gras wachsen hört«, d.h. in prophetischer und intuitiver Weise die Zeichen der Zeit, der inneren, wie der äußeren, erkennt und uns auf eine kommende oder nötige Wende, oder einen Umbruch aufmerksam macht, beziehungsweise diesen anmahnt. Seine Stimme gäbe dem allgemeinen und dem eigenen Unbehagen an der jeweils gegenwärtigen Zeit Ausdruck, würde uns wachrütteln zu neuen Schritten, neuem Überdenken, möglicherweise zu einer Kehrtwende. »Ändert euch«, ist des Vorläufers Ruf; tut dies, bevor ihr andere zu ändern sucht.

Bedauerlich wäre, in des Täufers Rede nur eine Strafpredigt hören zu wollen. Vielmehr liegt in seinem Ruf auch die trostreiche Vor-verkündigung, das Versprechen der Wandlungsmöglichkeit des Men-schen. Etwas vom Geist der Bergpredigt, des befreienden »Ich aber sage euch …«, klingt laut oder leise an in seinen Worten. Wir können uns ändern. Aber genau dies vergessen wir so leicht während einer »Wüstenzeit« der inneren Leere und Trostlosigkeit.

Die Taufe des Vorläufers hat viele Aspekte: Reinigung, Reue, Buße, Umkehr, Vergebung, neue Bestimmung und Belebung und Bereitung des Weges für Kommendes. Ich war überrascht, zu hören, daß die Johannes-Taufe sich von anderen Taufen dadurch unterschei-de, daß sie stets Taufe des einzelnen war und, so wie ich sie verstehe, noch immer ist. Sie bedeutete nicht Aufnahme in eine Gemeinde, sondern meinte die persönliche Wandlung.

Wende oder Umkehr geschieht meist nicht schlagartig, sondern ist das Resultat der Einsicht in unser bisheriges Tun und Lassen und der Erkenntnis, daß wir unser Leben irgendwie falsch und bruchstückhaft leben. Es muß uns klar werden, daß unsere ganze Lebenshaltung einer gründlichen Rückbesinnung bedarf, ja, daß wahrscheinlich eine Um-wertung all unserer Maß-Stäbe und ein deutlicher Entwicklungsschritt fällig ist. Unser Bedauern über begangene Fehler, vertane Zeit, Lieb-losigkeit, Gleichgültigkeit und dergleichen mehr, kann schließlich zur Reue führen. Im Wort Reue liegt vom Wortstamm her das Um- und-Umdrehen einer Sache. Wenn wir ein Problem von allen Seiten her betrachtet haben, kann echte Reue entstehen und mit ihr eine Wende in unserem Wesen und Verhalten.

Dann wird Vergebung möglich: ein weiterer Aspekt der Taufbe-reitung. Eine Weise, die »Wege des Herrn« zu bereiten, und psycho-logisch gesprochen, die Wege zum Selbst, zu uns selbst.

Wann fühlen wir, daß uns vergeben wird? Was kann Vergebung sein?

Und wer vergibt wem?

Kann nur Gott vergeben, oder können wir es auch?

Ich glaube, es gibt Menschen, denen es gegeben ist, zu binden und zu lösen, wie es den Aposteln eigen war. Sind es etwa Menschen, die mit ihren eigenen Schattenseiten gerungen, sie erkannt und überwunden haben? Jedenfalls erlebt man es, daß ein verstehender Mitmensch uns, stellvertretend, die Last von den Schultern nehmen kann. Schuldabtragen kann Vergebung bringen, im Gebet mögen wir Vergebung spüren. Die endlich eingetretene Lösung eines schweren Problems läßt uns an Vergebung und Wiederannahme durch das Schicksal glauben. Bevor wir nicht selber unsere Schuld einsehen und uns dazu bekennen, auch wenn es nur vor uns selber wäre, werden wir auch keine Vergebung empfinden, von wem auch immer. »Wir fühlen uns nicht angenommen, solange nicht unser Schlimmstes angenommen ist« (C.G. Jung), auch durch uns selbst, möchte man beifügen. Das Sich-selber-Annehmen und das Wieder- angenommen-Sein, die Vergebung, ist eine Tat der Liebe, für die keine Gegenleistung mehr erbracht werden muß. Wir sind entlastet, der Friede des Herzens kann kommen, die Reinigung hat stattgefunden. Wir sind, zwar nicht vollkommen, aber doch vollständiger geworden, nachdem wir, soweit möglich, unsere dunklen Seiten angenommen und gewandelt haben.

Wie bereitet Jesus die Wege des Herrn und gleichzeitig die seinen? Er läßt sich vom schwer verständlichen Ruf des Täufers erreichen und sucht ihn in der Wüste auf. Er verläßt seinen bisherigen Ort (Standpunkt?) und öffnet sich einer unbekannten Möglichkeit (wie offen sind wir?). Er läßt die schützende Hülle (Persona?) fallen und setzt sich dem Schicksal demütig aus. Er wagt den Einstieg in das dunkle Wasser (und wir?). Indem er sich so einstellt, bereitet Er dem Kommenden den Weg. Und − es kommt: Eine Stimme spricht zu ihm.

Für uns ist damit ein Bild gegeben, wie Vergangenes hinter sich zu lassen wäre, wie wir vorurteilslos nach neuen Möglichkeiten ausblicken und unser Leben anders anpacken könnten. »Man muß seinen Gaben Kanäle bauen«, las ich irgendwo und mir will scheinen, dies bezeichne die menschliche Weise, dem Herrn die Wege zu bereiten. Es sind immer die Wege auch zu uns selbst, zu unserem Selbst und Wesenskern. Alles schöpferische Tun bereitet diese Wege: Insbesondere dann, wenn wir, wie in diesem Buch, Jesus Christus auch als eine innere Kraft, als leitendes Prinzip im Menschen, als ein Symbol des Archetyps des Selbst verstehen.

Es gibt Wege und Bahnen in und um uns, die sich nach überstandener Krisis und Wende wieder öffnen, so daß unsere Energien wieder frei strömen können. Ein neues Lebensgefühl erfüllt uns. Man sollte nicht müde werden, diese Bahnen zu pflegen. Bereitet dem Herrn seine Wege!

Taufen bedeutete ursprünglich »tieftauchen« und meinte das Eintauchen des ganzen Menschen in fließendes Wasser. Ziel war die Erneuerung im Sinne der Neubelebung und des Ablegens des alten, sündigen Menschen. Fließendes Wasser ist Bild und Inbegriff des Lebensstromes und der Lebendigkeit schlechthin. Deshalb wird der Jordan auf Ikonen meist bewegt dargestellt. Bewegtes oder aber stilles Wasser in unseren Träumen gibt uns Aufschluß über unseren Gemütszustand.

Das Eintauchen in tiefes Wasser, real erlebt, stürzt uns, vorübergehend, in Unsicherheit. Der Boden unter den Füßen weicht, die Luft geht uns aus, die Sicht ist behindert, unsere Umrisse lösen sich auf. Wir erleiden für eine Weile den Verlust unserer Identität – ähnlich wie Jesus sie in seiner Entäußerung verloren hat: Er ist aus sich selber herausgetreten, an die äußerste Grenze seines Wesens, dahin, wo Selbstverlust droht. Jesus verliert sich nicht, aber er wagt sich ganz und erfährt nun seine hohe Bestimmung, die ihn auf eine andere Ebene hebt.

Sollten wir selber je durch eine ähnliche Taufe gehen, so zeigt sich das Wiederfinden unserer selbst als erlösendes Erlebnis; es führt uns, so Gott es will, dem Sinn unseres eigenen Lebens und unserem Ort im großen Ganzen zu. Wir sind, wie nach einer Wüstenwanderung, wieder verbunden und versöhnt mit unserem Schicksal und mit Gott. Wir sind, nach einem langen Umweg, Söhne und Töchter unseres Gottes geworden, so wie der verlorene Sohn im Gleichnis schließlich als Lebenserfahrener wieder heimfindet zu seinem Vater. Etwas von Gottes Geist ist in uns eingezogen. Diese Taufe geschieht vermutlich nur einmal im Leben und wir können, weil wir nicht mehr dieselben sind, nicht mehr zurück hinter diese Tiefenerfahrung.

»Wahres Menschsein ist auch ein äußerstes Entfernt- und von Gott Verschiedensein; de profundis clamavi ad te, Domine – dieses Bekenntnis zeigt Beides, das Fern- und das Nahsein, die äußerste Verfinsterung und zugleich das Aufblitzen des Gottesfunkens.

Gott ist in seinem Menschsein sich selber wohl so ferne, daß er mit völliger Hingabe sich selber wieder suchen muß. Was wäre es mit der Ganzheit Gottes, wenn er nicht auch das ›ganz andere‹ sein könnte?«[14]

Ändert euch, war der Ruf des Täufers. Was hindert uns, es zu wagen?

Der heilige Geist erscheint, im Evangelium-Text, wie auf der Ikone, in Gestalt einer Taube. Weshalb in dieser Gestalt? Gehen wir dem Symbol der Taube nach, so erfahren wir, daß die Taube ein Opfertier war. Joseph zum Beispiel opfert bei der Darbringung Jesu im Tempel zwei Tauben. Aber die Taube – der Zeit Jesu wohlbekannt – ist auch Vogel der Aphrodite, also ein Bote der Liebe. Bei Noah kündet sie das in Sicht kommende neue Land an. Tauben leben gerne in Menschennähe; ihr zärtliches Gurren ist überall zu hören. Als warmblütiges und gefiedertes Wesen sehe ich sie auch als Bild und Ausdruck des lebendigen Erfülltseins und der seelischen Beflügelung. Das Element des Vogels ist die Luft. Die griechische Sprache wählt für den heiligen

Geist das Wort »pneuma« Hauch, Atem, Wind. Sie hätte auch das Wort »nus«, die zeitlose Wahrheit, wählen können. Aber sie bevorzugte das Lebendige, den Lebenshauch.

»Das hebräische Wort für Geist heißt ›ruach‹, der Hauch: aber nicht nur der Lebenshauch, mit dem Gott den Adam anbläst, sondern auch der Wind als eine Macht, die den Menschen stoßen und treiben, überwältigen und fortraffen kann, die ihn überfällt oder auf ihn springt, die ihn zu Worten und Taten befähigt, die weit über seinen gewöhnlichen Möglichkeiten liegen.«[15]

Empfindet nicht jeder Mensch bisweilen eine solche unruhevolle oder selige Beschwingung? Sollte uns diese nicht auch heilig sein? Gerade auf den *Menschen* Jesus kam der Geist hernieder. Daraus lerne ich, daß das Geist-erfüllt-Sein zum Wesen des Menschen gehört. Ich bin dankbar dafür.

In meiner amerikanischen Übersetzung[16] des Markus Textes (1,8) weist eine Fußnote darauf hin, daß man auch lesen könnte, »in« statt mit heiligem Geist taufen. Dies deutet ein weiteres Eintauchen an, diesmal in das unsichtbare Element Luft. Kennen Sie, liebe Leser, das hinreißende Erlebnis am straffen Wind zu segeln, im kräftigen Sommerwind zu wandern? Dann verstehen Sie auch Dorothee Sölles Beschreibung des heiligen Geistes, denn er hat Sie bereits ein wenig ergriffen und mitfortgetragen. Ich verstehe das Kommen des Geistes als eine zarte oder stürmische Inspiration, die Beseelung und Belebung bringt.

Das Wort »Inspiration« stammt vom lateinischen Verb »spirare«, welches nicht nur hauchen, wehen, atmen bedeutet, sondern auch brausen, schnauben und duften. Der Begriff »spiritus«, aus der selben Wortwurzel, meint neben Lufthauch, Wind und Atem auch das Seufzen, das Zischen (der Schlange), die Lebensluft, die Seele, den (auch dichterischen) Geist, die Begeisterung, den Wagemut und das Selbstbewußtsein.

Ich konnte es mir nicht versagen, diese Bedeutungsvielfalt zu erwähnen, wird daraus doch ersichtlich, was ein Mensch erlebt, wenn ihn eine Inspiration erfüllt, oder der Geist über ihn kommt. Eine Inspiration kann, ist sie stark genug, zwingend und beseligend in einem, uns zu unerwarteten Taten veranlassen. Der gleiche Geist mag uns aber auch das Erlebnis des ruhelosen Getriebenseins bescheren. Dichter schildern dieses Unruhvolle, das seine Ruhe, Verwirklichung und Einkörperung sucht. In der Darstellung des Einhorns, das erst im Schoße einer Jungfrau Friede findet (Sinnparallele zum Verkündigungs-Engel), ist uns ein poetisches Bild dieses schöpferischen Getriebenseins gegeben. Es ist eine andere Weise, die Annäherung des Geistes nachzuzeichnen.

Über die bei Matthäus und Lukas erwähnte Feuertaufe schreibe ich nicht. Vielleicht ist sie auf unserer Ikone durch den lodernden Himmel dargestellt. Nur andeuten möchte ich, daß mit dem Feuer, über die Reinigung mit Wasser hinaus, die innere Läuterung, das Ausschmelzen aller Fremdkörper, dessen was nicht zu uns gehört, der totale Umschmelzungsprozeß, die große Wandlung und damit das Finden unserer eigenen und eigentlichen Gestalt und Bestimmung gemeint ist. Taufe bedeutet immer auch Einweihung in das eigene, von Gott gegebene Schicksal und den Beginn eines verpflichteten und verpflichtenden Lebensweges. Vielleicht ist der, dem eine Feuertaufe zugemutet wird, dazu berufen, Zündfunke für andere zu sein.

Der Bericht des Evangeliums schildert den Augenblick des Auftauchens Jesu aus dem Jordan als höchst dramatisch: Der Himmel zerreißt, bricht auseinander. Aus der Öffnung schwebt der heilige Geist in Gestalt einer Taube hernieder. Gleichzeitig vernimmt Jesus die Stimme, die zu ihm spricht: Du bist mein geliebter Sohn, an Dir habe ich Wohlgefallen.

Was sollen wir uns unter dem Zerreißen des Himmels vorstellen? Die gelegentliche Erklärung, es müsse sich um eine ungewöhnliche

Naturerscheinung gehandelt haben, vermag kaum zu befriedigen. Es wäre auch schade, wenn wir nicht nach weiterem Sinn dieses mächtigen Bildes fragen würden. Vielleicht sah der eine oder andere Leser ähnliche Erscheinungen in seinen Träumen und reagierte darauf mit Erschütterung oder doch mindestens mit bangen Fragen. Was ist es, das ihm auseinanderbricht? Bedeutet es Gnade oder drohende Gefahr? Ist mit einer solch plötzlichen Öffnung in eine andere Welt eine erkenntnisbringende Bewußtseinserweiterung verbunden? Oder handelt es sich um den Zusammenbruch aller festen Strukturen, um eine Bedrohung unseres Weltbildes?

Von der Ikone der Verkündigung an Maria wissen wir, daß der Engel im Sturmschritt in ihr Alltagsleben einbricht und ihr eine vorerst schwer verständliche Botschaft bringt, die sie dann, wie es heißt, lange in ihrem Herzen bewegte. Ihr Schreck war groß, die Spindel entglitt ihr, der Faden drohte zu zerreißen, die innere Kontinuität war in Frage gestellt. Es gibt Menschen, die ähnliche Erlebnisse haben, wenn sich ihnen urplötzlich ungeahnte Horizonte öffnen und in den banalen Alltag eine neue Dimension eingreift.

So stelle ich mir vor, auch für Jesus muß es eine aufwühlende Erfahrung gewesen sein, als unversehens eine Stimme aus dem geöffneten Himmel zu ihm sprach. Wie soll er diese in sein Weltbild einordnen? Es mag ihn um so mehr getroffen haben, als Er ja mitten in einer Übergangsphase seines Lebens stand. Soeben war Er daran, seine alte Persönlichkeit im Taufbad abzulegen, und schon schien eine schwer zu fassende neue Identität ihm vom Schicksal auferlegt zu werden: »Du bist mein geliebter Sohn.« Weiß ein Mensch denn, was es heißt, Sohn eines unsichtbaren Vaters zu sein? Wußte es Jesus? Beginnt nicht eben jetzt sein Weg, auf dem Er erst erfahren muß, was mit »Sohn sein« gemeint ist?

Jesus hört jetzt die Worte, die ihn bestimmen, Sohn zu sein. Nach Lukas vernimmt Er sie während des Betens, also dank innerer Bereitschaft. Er empfindet die Stimme als vom Himmel kommend. Hören auch wir solche eindringlichen Worte, die uns als vom Schicksal gesandt erscheinen wollen? Wir kennen ein Bestimmtwerden wohl eher durch Mitmenschen, die uns durch Worte um- oder verstimmen. Wir kennen auch den oft unerklärlichen Stimmungswandel. Wir erfahren kritische, verletzende Stimmen, oder aber liebevoll beruhigende. Die Stimme eines Mitmenschen kann unsere Stimmung heben oder senken. Wir alle hören Stimmen, die uns in irgendeiner Weise beeinflussen.

Hören wir vermeintlich nie Gottes Stimme, so können wir doch die Stimme unseres Gewissens deutlich vernehmen, die leise und nachdrücklich zu uns spricht, vielleicht im Traum, in der Nacht, an einem stillen Ufer, in einer Begegnung. Diese Worte tragen oft das Wesen der Inspiration in sich, wir können nur ahnen, woher sie stammen. Trotz ihrer geringen Hörbarkeit, wohnt ihnen erstaunliche Kraft inne, mit der sie uns leiten und führen, nicht selten auch irritieren und animieren. Erst später geht uns auf, daß auch in diesen leisen Stimmen und Begebenheiten Gottes Stimme mitgesprochen hat, wie eine Stimme hinter dem Vorhang oder aus einer anderen Dimension: von dort her, wo sich der Himmel für einen Augenblick geöffnet hat.

Jesus wird dazu bestimmt, Sohn Gottes zu werden. Wir aber sollen den zum Gottessohn gewordenen Jesus in uns nachformen, ihn in uns Gestalt werden lassen. Jesus Christus ist Ikone Gottes; uns ist zugedacht, Ikone Jesu Christi zu werden. Sind wir dann nicht alle Töchter und Söhne Gottes?

Der übergroße Gnadenerweis, den Jesus mit seiner Bestimmung erlebt, bedroht ihn nicht, wie er unser kleines Ich durch seine Wucht gefährden würde. Aber auch für Jesus hat das Tief-Tauchen (in die eigene Tiefe?) und die anschließende Erwählung Folgen. Unmittelbar nach der Taufe führt ihn derselbe Geist, der ihn soeben würdigte und erhöhte, hinaus in die Wüste, wo Er hungernd den Versuchungen des Teufels ausgesetzt ist und von diesem in einen fundamentalen ethischen Konflikt verwickelt wird (Matthäus 4,1-11).

Die Versuchungen Jesu in der Wüste sind auf unserer Ikone nicht dargestellt. Gleichwohl möchte ich sie erwähnen, weil sie in meiner Sicht unabdingbar zu jeder Taufe gehören, wenn diese denn eine sein soll. Das Satanische an den Versuchungen sehe ich in der Tatsache, daß der Teufel mitten in den Kern der Aufgabe und Bestimmung Jesu eingreift und dort seine diabolischen Keile eintreibt. Dies tut er im Augenblick der größten Verunsicherung des Getauften, steht dieser doch einerseits – wie auf unserem Bild – in seiner elenden Verfassung da, entblößt vor der Welt und vor sich selber und hört andererseits die überwältigenden Worte Gottes »Du bist mein geliebter Sohn«: Wer ist Er nun? Ausgelieferter oder Auserwählter? Oder beides in einem?

In den Versuchungen stürmen alle Erwartungen, die ein Auserwählter an sich haben könnte und alle Projektionen des Kollektivs bedrängend auf ihn ein. Soll Er ihnen entsprechen oder nicht? Wie verlockend wäre es einem Retter, aus Steinen Brot zu machen und allen Hunger zu stillen! Es entspräche Jesu Menschenliebe, diesen Wunsch zu erfüllen. Mit Leichtigkeit könnte Er sich so Dankbarkeit und Achtung verschaffen. Aber Er weiß, daß Brot nie herbeigezaubert werden kann, sondern nur dort entsteht, wo ein Mensch sät, erntet und verarbeitet. Daß Er unter »Brot« noch eine andere Nahrung versteht, sagt Er dem Teufel allerdings deutlich. Er setzt andere Schwerpunkte: Er empfindet Gottes Worte als nährend. In der Tat, das wissen auch wir – und: manch einer hat hart daran zu kauen. Jesus weist das Ansinnen des Teufels ab.

In der zweiten Versuchung wird Jesus vom Teufel auf das hohe Tempeldach entführt, so wie unsere hochtrabenden Pläne uns gelegentlich ver- und entführen. Dort wird Er aufgefordert, sich hinunterzustürzen und zu beweisen, daß Gottes Vorsehung ihn nicht fallen läßt. Ich sehe darin einen zwiespalt-säenden Angriff auf seinen noch jungen Gottesglauben. Hat Er denn nicht eben erst erfahren, daß Er Gottes Sohn ist und als dieser annehmen darf, daß ihm jede Rettung gewiß ist? Aber nein, Jesus hat seinen Realitätssinn nicht verloren, wie es so manchem passiert, der durch sein religiöses Erlebnis weggetragen wird und alle Vernunft vergißt. Er erliegt keinem Größenwahn, trotz seiner Auserwählung. Er weiß, daß Er Stufe um Stufe von der enthobenen Höhe des Tempeldaches in die Wirklichkeit hinuntersteigen, d.h. Schritt um Schritt zurückkehren muß von der Weltferne des ekstatischen Erlebnisses, das ihm Taufe und Bestimmung beschert haben. Er verfällt keinem Machbarkeitswahn und entgeht deshalb der möglichen Vernichtung. Er bleibt sich bewußt: Wer den Bogen überspannt, zerbricht ihn. Nein, er ist nicht gewillt, halsbrecherische Kunststücke zu vollführen, zugunsten jener, die meinen, nicht ohne (blaue) Wunder auskommen zu können.

Bei der dritten Versuchung verschleppt der Satan Jesus auf einen hohen Berg und verspricht ihm dort alle Reichtümer der Erde, die vor seinen Augen liegen, wenn Er ihn nur anbete. In welchem Zwiespalt mag Jesus gewesen sein? Ist Er als Sohn Gottes nicht just dazu berufen, über diese Reiche zu herrschen? Ist nicht das seine ureigenste Aufgabe und Berufung? Welche Gewissensfrage! Wie geht Jesus mit diesen versucherischen Herausforderungen und den kommenden Erwartungen seiner Umgebung an einen Messias um?

Wie sich zeigt, verfällt Er dem Machtrausch nicht. Er stellt sich unter das Gesetz, hält dem Teufel das Gesetzte entgegen, wonach nur Gott allein zu dienen sei. Damit weist Er den Teufel ab und bricht durch seine eindeutige Haltung und seine Treue zum Erkannten die diabolische Macht. Der Teufel verzieht sich, und es zeigen sich an seiner Stelle die hilfreichen Engel. Vierzig Tage sollen die schrecklichen Versuchungen gedauert haben; wahrlich eine gebührende, wenngleich lange Frist für die gründliche Auseinandersetzung mit dem, was des Teufels ist. Jesus hat seine Taufe bestanden. Nun weiß Er, über Gut und Böse, über Hell und Dunkel, über Leben und Tod zu wachen. Er kennt die Gratwanderung zwischen Gegensätzen und ist nun wirklich Gottes Sohn geworden.

Wenn ich über den Teufel nachdenke, so nehme ich natürlich nicht an, daß er leibhaftig unter uns umgehe; vielmehr meine ich alles das, was in unserem Wesen und Leben gelegentlich dämonische Qualität annimmt und Macht über uns gewinnt – wie Ängste, Zwänge, Zweifel, Süchte und dergleichen mehr. Ihre Perfidie liegt darin, daß wir sie unter Umständen gar nicht bewußt als böse registrieren, weil wir ihnen blindlings verfallen sind. Erst wenn ihre Auswirkungen verheerend werden, beginnen wir, mit ihnen zu ringen, wie Jesus mit dem Teufel ringt.

Auf der Höllenfahrts-/Auferstehungsikone tritt das Teuflische unter zweierlei Gesichtern auf: Einerseits in der Gestalt des Diabolos, der Zweifel und Zwietracht sät, und andererseits als Hades, der Alles zu verschlingen droht. Auf dem Bild ist er mit einem großen Schlund dargestellt.

Wir alle haben Teil an diesen dunklen Mächten. Hades scheint dann am Werk zu sein, wenn er uns alle Energie wegsaugt, unseren Willen lähmt und uns in einen Zustand diffuser Lustlosigkeit versinken läßt, aus dem wir uns erst wieder hochrappeln, wenn ein neuer Lichtblick winkt. Diabolos verstehe ich als jenen Trieb, der uns mit nörglerischer Selbstkritik quält, durch seine spaltenden Tendenzen uns in Selbstzweifel stürzt und unsere innere Einheitlichkeit und Harmonie trübt und stört.

Selbstverständlich sind wir nicht dagegen gefeit, mit diesen üblen Eigenschaften auch andere Menschen zu beeinträchtigen und zu belasten. Wie oft »verschlingt« der eine den anderen, und mit welchem Genuß spielt man den »advocatus diaboli« und sät Zwietracht …

Diese beiden Störkräfte werden bei Jesu Niederstieg in die Unterwelt überwunden. Er ist stärker als sie; so wie wir mit unserer bewußten Stellungnahme etwas Licht in die dunklen Verknüpfungen unserer Innenwelt bringen können.

Unter dem früher erwähnten, ethischen Konflikt, so wie er für mich in den Versuchungen in der Wüste zum Ausdruck kommt, verstehe ich jene Konflikte, in welchen Sünde und Pflicht, Böses und Gutes, Schwarzes und Weißes unlösbar verbunden, ja, ineinander verquickt sind. Wie immer man sich entschließt, ob für die eine oder die andere Lösung, immer bleibt ein Teil Schuld und Schatten zurück. Es sind jene wahrhaft teuflischen Konflikte, innere und äußere, die nicht gelöst, sondern nur im vollen Bewußtsein des eigenen Unvermögens und Fehlens erlitten werden können.

Auch Jesus ist mit der Tatsache konfrontiert, daß Er das Volk schmerzlich enttäuschen muß, wenn Er die Steine nicht in Brot verwandelt, ihm keinen Höhenflug vorzaubert, den man von einem Gottessohn und Weltenretter so gern erwarten würde. Auch ein Herrscher will Er nicht sein. Sein Reich ist zwar *in* dieser Welt, aber nicht von der Art, wie die Welt es sich ersinnt. Er kann oder will die Sehnsüchte des Volkes nicht erfüllen, obwohl dies in seiner Bestimmung gelegen hätte. Das ist vielleicht sein Anteil Schatten, den Er tragen muß – sein Kreuz – und Er trägt ihn. Davon künden die vierzig Tage in der Wüste zwischen wilden Tieren und Engeln.

Was meinte Pilatus mit seinem »ecce homo«?

Sehet den Menschen! ruft er. Sehen wir ihn?

Vor allem, sehen wir ihn in Jesus, dem Christus? Oder starb Jesus am Christentum?[16]

Diesen Menschen, und sein Menschsein, begleiteten wir in Gedanken eine kurze Wegstrecke; weitere Wege wären zu gehen. Wir alle gehen einen solchen Weg, einen Entwicklungsweg auf der Suche nach uns selbst und unserer Bestimmung. Warum nicht mit ihm? Mindestens bis zum Kreuz könnten wir ihn begleiten und würden auf diesem Gang auch das unsrige finden, das Kreuz, das als lebenspendend gepriesen wird.

Die Taufe führt uns tief hinab, hebt uns aber auch empor, würdigt uns und nimmt uns mit in den warmen, oft etwas stürmischen, geistigen Kreislauf, der Himmel und Erde verbindet.

Wenn du durch Wasser gehst – ich bin mit dir; wenn durch Ströme – sie werden dich nicht überfluten. Wenn du durch Feuer schreitest, wirst du nicht brennen und die Flamme wird dich nicht versengen. Denn ich, der Herr, bin dein Gott, ich der Heilige Israels, dein Retter.

Jesaja 43,2

Der Fluß, in dem Christus getauft wurde,
empfing ihn symbolisch aufs neue.
Der feuchte Schoß des Wassers empfing ihn
in Reinheit, gebar ihn in Glanz,
und ließ ihn heraussteigen in Herrlichkeit.[17]

Du bist heute dem Erdkreis erschienen und
dein Licht ist über uns aufgeleuchtet.
Voll Erkenntnis singen wir dir:
Gekommen bist du, bist erschienen,
unzugängliches Licht.[18]

Zu beneidenswerten Tönen erglühte Maria,
und sie sang sein Wiegenlied:
Wer gab der Einsamen, daß sie empfing und gebar,
den, der nur Einer ist und zugleich viele,
klein und groß, ganz bei mir
und ganz überall?[19]

Rückblick

In diesem Buch versuchte ich, einige Vorstellungen, die sich im Laufe der Jahrhunderte zur Gestalt des göttlichen Sohnes gebildet haben, über Ikonen darzulegen. Insbesondere wollte ich zeigen, daß von früh an die Idee eines keimartig in uns angelegten Ebenbildes, eines mit uns seienden Gottes, wirkte. Gleichzeitig kreisten theologische Überlegungen aber auch um die Vorstellung einer allmächtigen, fernen, über uns thronenden Gottheit. Zwischen diesen Polen bewegen sich weitere Veranschaulichungen, die uns Gott oder doch seine Auswirkungen im Bilde seines Sohnes nahebringen wollen.

Sind die Ikonen dieses Buches uns vielleicht auch weniger vertraut, so sind sie doch allesamt Bilder, die unser Ahnen und Wissen ergänzen und bereichern können. Ich sehe in diesen Bildern verschiedene Aspekte der einen Gestalt des göttlichen Sohnes und einen Versuch der Orthodoxie und davor schon der Kirchenväter, die überwältigende Allmacht und unangreifbare Alleinheit Gottes durch das Aufleuchten-Lassen mehrerer Teilaspekte zu öffnen und sie faßbarer werden zu lassen. In der Dreifaltigkeitslehre sind drei Auffaltungen benannt; in unseren Ikonen werden weitere bedacht.

Mein Anliegen war es also nicht, einen Entwicklungsgang Jesu Christi nachzuzeichnen. Hätte ich dies geplant, hätte ich zu den synoptischen Evangelien gegriffen, wie ich es anhand der Taufikone auch tatsächlich getan habe: Man wird gespürt haben, wie dabei die Ebene der Betrachtung wechselte: vom transzendenten göttlichen Sohn Christus zum irdisch nahen Menschensohn Jesu hin.

Mein Unternehmen war ein schwieriges und meine Bemühungen nur allzu fragmentarisch. Ich hoffe, daß die Erschließung der Ikonen im Leser eigene Bilder und Überlegungen geweckt haben. Vielleicht haben sie auch nach der Frage gerufen, wie er selbst das Göttliche erlebe und welche Namen er dafür ersinne. Vielleicht wird er auch den Gedanken erwägen, ob Gott denn *nur* in Gestalt seines Sohnes zu denken und zu erleben sei. Bewegen uns nicht auch ganz andere Bilder? Könnten wir uns Gott etwa auch als Sturm vorstellen, als loderndes Feuer, als geballte Wolke, als still strömenden Fluß, als Sternennacht, als flüsternden Wind, als duftende Blüte? Zahllos sind die Namen des mit uns seienden und sich entfaltenden Gottes.

Gönnen Sie sich Ihre eigenen, lebendigen Bilder!

Eines dieser Bilder mag auch das Bild der Perle sein, die sich in geheimnisvoller Weise, um ein eingedrungenes, irritierendes Sandkorn bildet:

Eines Tages habe ich eine Perle in die Hand genommen, meine Brüder…
Ich legte sie … auf meine flache Hand,
um sie zu betrachten.
Ich machte mich daran,
sie zu besehen von der einen Seite.
Sie widersetzte sich auf allen Seiten,
wie die Erforschung des Sohnes, die unfaßbare.
Denn sie ist ganz Licht.[1]

Anmerkungen

Vorwort

1 Paul Evdokimov: L'Art de l'Icône. Théologie de la Beauté. Paris 1970, S. 191.
2 Ephraim der Syrer, genannt »Zither des Hl. Geistes«, in seinem Buch »Lobgesang aus der Wüste«. Freiburg i.Br. 1967.

Gottesmutter des Zeichens

1 Neubearbeitung des entsprechenden Kapitels meines Buches »Maria – Bild des Weiblichen. Ikonen der Gottesgebärerin. München 1991, S. 42-47.
2 Vgl. ebd. das Kapitel Mariä Einführung in den Tempel, S. 34-41.
3 Carl Gustav Jung: Typologie. DTV 15063. München 1990, S. 180 ff.: »Als empirischer Begriff bezeichnet das Selbst den Gesamtumfang aller psychischen Phänomene im Menschen. Es drückt die Einheit und Ganzheit der Gesamtpersönlichkeit aus ... Es hat als psychische Ganzheit einen bewußten sowohl als einen unbewußten Aspekt. Empirisch erscheint das Selbst in Träumen, Mythen und Märchen in der Figur der übergeordneten Persönlichkeit, wie König, Held, Prophet, Heiland etc. oder eines Ganzheitssymboles wie Kreis, Viereck, quadratura circuli, Kreuz etc.«
4 Hymnos Akathistos. Das Geheimnis der Gottesmutter. Aus dem Griechischen übertragen von E.M. Zumbroich. Gaildorf 1981
5 Osterjubel der Ostkirche, übertr. von Kilian Kirchhoff, hrsg. von Joh. Madey. Münster 1988, S. 275.

Christus Immanuel

1 Konrad Onasch: Liturgie und Kunst der Ostkirche in Stichworten. Leipzig 1981, S. 73.
2 A. Guillaumont, H.Ch. Puech, G. Quispel u.a. (Hrsg.): Evangelium nach Thomas Logion 4. Leiden 1959, S. 3.
3 Dionysios Areopagita, Fundort unbekannt.
4 Carl Gustav Jung: Zur Psychologie des Kind-Archetypus, in: Einführung in das

Wesen der Mythologie (mit Karl Kerenyi). Amsterdam und Leipzig 1941. Auch: Gesammelte Werke (= GW) 9/1. Olten und Freiburg 1976.

5   Ders.: Vom Werden der Persönlichkeit, GW 17. Olten und Freiburg 1972, S. 193.

6   Paul Evdokimov: Die Frau und das Heil der Welt, München 1960, S. 209.

7   Ebd., S. 212.

8   Ephraim der Syrer, Lobgesang aus der Wüste. Freiburg i.Br. 1967, S. 38.

9   Ebd., S. 31.

10 Ebd., S. 36.

Jesus Christus

1   Zur Technik der Enkaustik vgl. z.B. Konrad Onasch: Liturgie und Kunst der Ostkirche in Stichworten. Leipzig 1981, S. 101.

2   Zum Bilderstreit vgl. ebd., S. 54 ff.

3   P. Christoph Schönborn OP: Die Christus-Ikone. Schaffhausen 1984/Editions Universitaires Fribourg 1978, S. 152 ff.

4   Zu einem weiblichen Urbild vgl. Helene Hoerni-Jung: Maria, Bild des Weiblichen. Ikonen der Gottesgebärerin. München 1991.

5   Neophythos Edelby: Liturgikon. Meßbuch der byzantinischen Kirche. Recklinghausen 1967, S. 73.

6   Hymnen der Ostkirche. Münster 1979, S. 112.

Christus, das grimme Auge

1   Ephraim der Syrer: Lobgesang aus der Wüste. Freiburg i.Br. 1967, S. 60.

2   Hymnen der Ostkirche. Münster 1979, S. 98 und 159.

Das Mandylion

1   Malerhandbuch des Malermönchs Dionysos vom Berge Athos. Slawisches Institut München 1960.

2   Leonid Ouspensky/Wladimir Lossky: Der Sinn der Ikonen. Bern und Olten 1952, S. 70.

3   Ebd., S. 69.

4   Ebd., S. 69.

5   Quelle unbekannt.

6   Quelle unbekannt.

7 Zitiert nach P. Christoph Schönborn: Die Christus-Ikone. Schaffhausen 1984, S. 177.
8 Carl Gustav Jung: Aus einer Antwort auf Buber. GW Bd. 18/2. Olten und Freiburg i.Br. 1981, S. 714.
9 Ouspensky/Lossky: a.a.O., S. 69
10 Ebd., S. 69.
11 Unveröffentlichte Gedichte (Übersetzung: H. Hoerni- Jung).
12 Carl Gustav Jung: Von den Wurzeln des Bewußtseins. Zürich 1954, S. 595.
13 Ephraim der Syrer: Lobgesang aus der Wüste. Freiburg i.Br. 1967, S. 26.
14 Kilian Kirchhoff: Osterjubel der Ostkirche. Münster 1988, S. 454.

Christus, der Allherrscher, der Lehrende

1 Malerhandbuch des Malermönchs Dionysos vom Berge Athos. Slawisches Institut München 1960, S. 186.
2 Dorothea Forstner: Die Welt der christlichen Symbole. Innsbruck-Wien-München 1977, S. 336.
3 Ebd., S. 336.
4 Ebd., S. 336.
5 Helene Hoerni-Jung: Maria – Bild des Weiblichen. Ikonen der Gottesgebärerin. München 1991.
6 A. Guillaumont, H.-Ch. Puech, G. Quispel u.a.: Evangelium nach Thomas. Leiden 1959, S. 33.
7 Lothar Heiser: Maria in der Christusverkündigung des orthodoxen Kirchenjahres, Trier 1981, S. 174.

Christus, der Hohe Priester und König der Könige

1 Julius Tyciak: Theologie in Hymnen. Trier 1979, S. 46.
2 Ebd., S. 58.
3 Hermann Goltz (Hrsg.): Akathistos, Hymnen der Ostkirche. Leipzig 1988, S. 163.
4 Zitiert bei Paul Evdokimov: Die Frau und das Heil der Welt. München 1960, S. 122.
5 Ebd., S. 122.
6 Carl Gustav Jung: GW Bd. 11. Olten und Freiburg 1973, S. 286.
7 Carl Gustav Jung: Erinnerungen, Träume, Gedanken. Hrsg. von A. Jaffé. Zürich 1962, S. 139.

8 Paul Evdokimov: a.a.O., S. 122.

9 Carl Gustav Jung: GW Bd. 6, Antwort auf Hiob. A.a.O., S. 494.

10 Wilhelm Nyssen: Gewand und Gerät in der östlichen Liturgie. Köln 1985, S. 9.

11 Ephraim der Syrer: Lobgesang aus der Wüste. Trier 1967, S. 47.

12 Hermann Goltz: a.a.O., S. 159.

13 Lothar Heiser: Maria in der Christusverkündigung des orthodoxen Kirchenjahres. Trier 1981, S. 375.

Christus auf dem Thron

1 Diese Informationen verdanke ich vor allem:
   Joachim Jeremias: Golgotha. Archiv für neutestamentliche Zeitgeschichte und Kulturkunde. Leipzig 1926; Georg von Gynz-Rekowski: Symbole des Weiblichen in Gottesbild und Kult des Alten Testamentes. Zürich 1963; Felix Haase: Volksglaube und Brauchtum der Ostslaven. Hildesheim-New York 1980.

2 Joachim Jeremias: a.a.O., S. 44.

3 Georg von Gynz-Rekowski: a.a.O., S. 33.

4 Joachim Jeremias: a.a.O., S. 31.

5 Ich verweise in diesem Zusammenhang auf das Buch von Günter Spitzing: Lexikon byzantinisch-christlicher Symbole. Die Bilderwelt Griechenlands und Kleinasiens. München 1989, S. 181 ff.

6 Wilhelm Nyssen: Gewand und Gerät in der östlichen Liturgie. Köln 1985, S. 17.

7 »Symeon von Thessaloniki hat unmittelbar vor dem Fall Konstantinopels die letzte zusammenfassende Liturgieerklärung verfaßt; er hat sich dabei auf viele vorangegangene Erklärungen berufen« (Nyssen: a.a.O., S. 11).

8 Felix Haase: a.a.O., S. 180.

9 Ebd., S. 179.

10 Ebd., S. 178.

11 Ebd., S. 179.

12 Ich gehe hier nicht weiter auf den richterlichen Aspekt des Pantokrators ein, da ich mich andernorts darüber geäußert habe. Siehe dazu: Maria – Bild des Weiblichen. Ikonen der Gottesgebärerin. München 1991. Kap. Deesis/Fürbitte, S. 109 ff.

13 Ebd.: Siehe Kap. Unverbrennbarer Dornbusch, S. 169 ff.

14 Ebd.: Siehe Kap. Mariä Entschlafung, S. 155 ff.

15 Lothar Heiser: Maria in der Christus-Verkündigung des orthodoxen Kirchenjahres. Trier 1981, S. 80.

16 Osterjubel der Ostkirche, übertr. von Kilian Kirchhoff, hrsg. von Joh. Madey. Münster 1988, S. 347.

Christus Pantokrator

1 Neophythos Edelby: Liturgikon. Meßbuch der byzantinischen Kirche. Recklinghausen 1967, S. 444: Cherubinischer Lobgesang (dort in etwas weniger poetischer
Fassung).

2 Das Chalcedonense (451) bekennt den einen Christus, vollkommenen Gott und
vollkommenen Menschen in zwei Naturen, die weder miteinander vermischt,
noch voneinander getrennt sind.

3 Ephraim der Syrer: Lobgesang aus der Wüste. Trier 1967, S. 32 und 27.

4 Osterjubel der Ostkirche, übertr. von Kilian Kirchhoff, hrsg. von Joh. Madey.
Münster 1988, S. 60.

Taufe des Herrn

1 Neophythos Edelby: Liturgikon. Meßbuch der byzantinischen Kirche. Recklinghausen 1967, S. 768 (etwas andere Fassung).

2 Henry Burton Sharman: Records of the life of Jesus. New York 1917

3 Leonid Ouspensky/Wladimir Lossky: Der Sinn der Ikonen. Bern und Olten
1952, S. 167.

4 Carl Gustav Jung: Fundort unbekannt.

5 Julius Tyciak: Theologie in Hymnen. Trier 1973, S. 39.

6 Ebd.: S. 39.

7 Leopold Kretzenbacher: Bilder und Legenden. Klagenfurt/Bonn 1971. Kap.
Jordantaufe auf dem Satansstein, S. 49ff.

8 Günter Ristow: Die Taufe Christi. Recklinghausen 1965, S. 16.

9 Ebd.: Bildtafel 11.

10 Julius Tyciak: a.a.O., S. 23.

11 Dionysios Areopagita: Mystische Theologie. Aus dem Griechischen übersetzt von
W. Tritsch. München 1956.

12 Julius Tyciak: a.a.O., S. 24.

13 Ebd.: S. 24.

14 Carl Gustav Jung: Zur Psychologie westlicher und östlicher Religion. GW Bd.
11, Kap. Das Wandlungssymbol in der Messe. Olten und Freiburg i.Br. 1971/73,
S. 274/75.

15 Dorothee Sölle: Die Wahrheit ist konkret. Olten und Freiburg i.Br. 1967/68, S.
21.

16 Martin Koestler: Stirbt Jesus am Christentum? Ideologie oder Glaube. Schaffhausen 1982.

17   Ephraim der Syrer: Lobgesang aus der Wüste. Freiburg i.Br. 1967, S. 66.
18   Neophythos Edelby: Liturgikon. A.a.O.: Kontakion zur Taufe, S. 768.
19   Ephraim der Syrer: a.a.O., S. 34.

Rückblick

1   Ephraim der Syrer: Lobgesang aus der Wüste. Freiburg i.Br. 1967, S. 94.

Die Bilder

Trotz intensiver Bemühungen konnte nicht in allen Fällen die genaue Herkunft der Bildtafeln geklärt werden. Für weiterführende Hinweise ist der Verlag dankbar.